AF543972

Rollen auf die sanfte Tour

Hartmut Schönhöfer

traum touren

Die 16 Radrouten dieses Buches nutzen alte Bahntrassen und folgen kleinen und großen Flüssen in der Eifel, an der Obermosel und der Saar. Dabei führen Schlenker über die Grenzen nach Belgien und Luxemburg. Fluss- und Bahntrassenradwege sind so beliebt, weil sie sanftes Dahinrollen und entspanntes Radelvergnügen bieten. Dank Pedelec/E-Bike lassen sich selbst sportlichere Anstiege gut bewältigen, ohne dabei aus der Puste zu geraten.

Für jeden Anspruch ist etwas dabei, von der gemütlichen Feierabendrunde bis zur ambitionierten Tagestour, ob alleine, zu zweit oder mit der ganzen Familie. Dabei verknüpft jede Tour die schönsten Natur-, Kultur- und Genusserlebnisse zu einem herrlichen Ausflug und enthält Tipps für besondere Aussichten, Abstecher und Einkehrmöglichkeiten.

ideemedia

Inhalt

EIFEL

Tipps • Touren • GPS-Tracks
www.wander-touren.com

Übersichtskarte

	Tour 1	Eifel-Ardennen-Radweg
	Tour 2	Enz-Radweg
👪	Tour 3	Prüm-Radweg
	Tour 4	Kosmosradweg Kleine Kyll
	Tour 5	Entlang der Our
	Tour 6	Nims-Prüm-Runde
👪	Tour 7	Sauer-Radweg
	Tour 8	Kyll-Radweg
	Tour 9	Salm-Mosel-Radweg
👪	Tour 10	Obermosel 1
	Tour 11	Obermosel-Saargau-Runde
👪	Tour 12	Obermosel 2
👪	Tour 13	Saar-Radweg
👪	Tour 14	Tälchen-Runde
	Tour 15	Saar-Hunsrück-Ruwer-Mosel
👪	Tour 16	Saarschleifen-Runde

👪 Familienfreundliche Touren werden mit diesem Logo gekennzeichnet

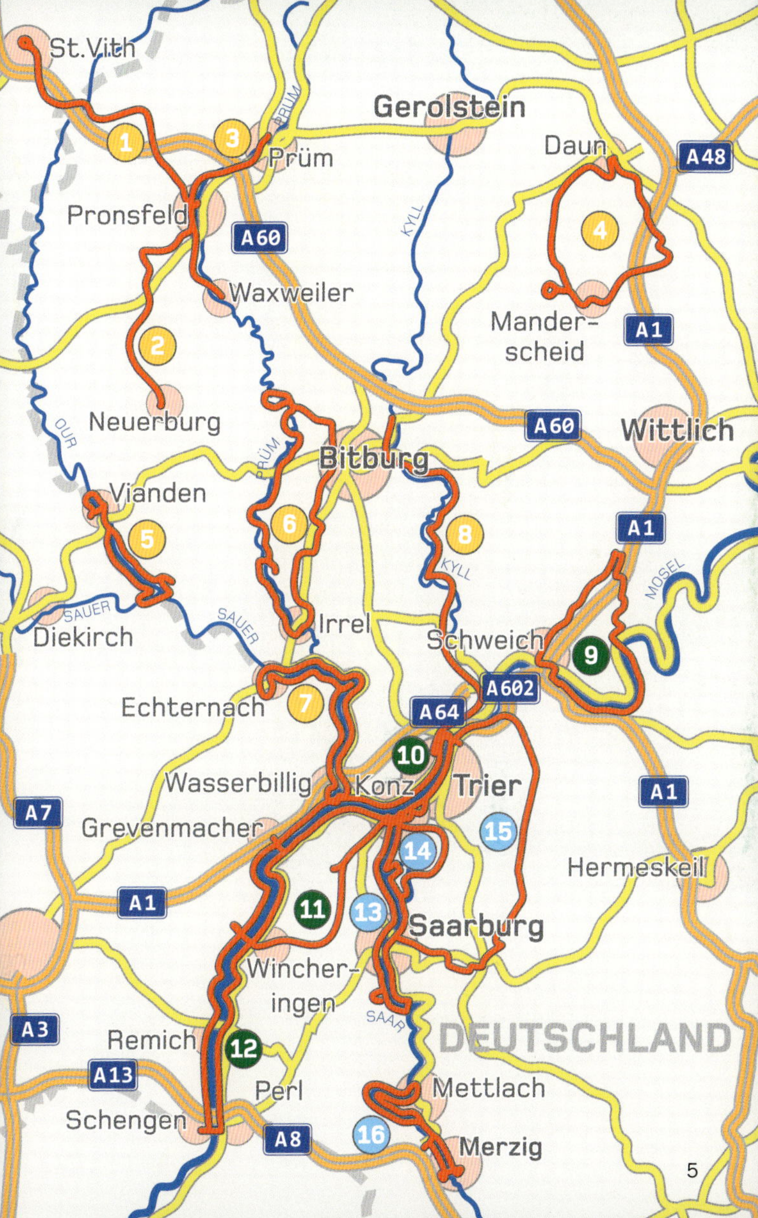
St.Vith
Gerolstein
Daun
A48
1
3
Prüm
PRÜM
Pronsfeld
A60
KYLL
4
Waxweiler
Mander-
scheid
A1
2
Neuerburg
OUR
A60
Wittlich
Bitburg
PRÜM
Vianden
6
8
A1
5
KYLL
MOSEL
SAUER
SAUER
Irrel
Schweich
9
Diekirch
A602
Echternach
7
A64
10
Wasserbillig
Konz
Trier
A7
Grevenmacher
15
14
A1
Hermeskeil
A1
11
13
Saarburg
Wincher-
ingen
SAAR
DEUTSCHLAND
A3
Remich
12
A13
Perl
Mettlach
Schengen
A8
16
Merzig

Gut zu wissen

Einige Touren bieten neben dem im Höhenprofil dargestellten Verlauf nicht minder schöne kürzere Streckenvarianten. Die Tourenauswahl reicht von „ganz einfach“ bis „richtig sportlich“. Die Zeitangaben basieren, unabhängig von der Topografie, auf einer Durchschnittsgeschwindigkeit von 12 km/h. Für Pausen und Besichtigungen sollte man zusätzlich genug Zeit einplanen! Einige Routenabschnitte führen über Feld- und Waldwege. Bei Nässe und während der Holzernte kann es hier matschig sein, und es empfehlen sich Räder mit entsprechender Bereifung.

Um die Orientierung zu erleichtern, folgen die Strecken möglichst einem (Themen-)Radweg oder wechseln von Radweg zu Radweg. Einige unbeschilderte Passagen lassen sich jedoch nicht vermeiden (insbesondere Abstecher zu Sehenswürdigkeiten). Um sicher zu gehen, empfiehlt sich auf allen Touren der Gebrauch eines Bike-Navis oder Smartphones mit der Gratis-App „traumtouren“. Alle Infos auf www.wander-touren.com

Die GPX-Tracks jeder Tour (inkl. Kurzstrecken und TourTipps) wurden mit einem Garmin GPSmap 62s aufgezeichnet und mit BaseCamp bearbeitet. Via QR-Code können die Tracks auch direkt aus der App „traumtouren“ auf Smartphones geladen werden. Aktuelle Tracks stehen in der Regel bis zu drei Jahre nach Buchveröffentlichung zur Verfügung.

Die TourTipps wurden sorgfältig recherchiert und überprüft, unterliegen jedoch gerade in Zeiten nach der Pandemie einem ständigen Wandel. Zur Sicherheit: Bitte bei den genannten Adressen vorher die Öffnungszeiten erfragen oder Plätze reservieren. Bei der Nutzung von Radbussen sollte man sich vorher noch einmal vergewissern, ob E-Bikes transportiert werden.

Viel Spaß und Genuss beim Radeln auf alten Bahntrassen und entlang großer und kleiner Flüsse!

Tipp GPS-Daten

Mit den TourCodes am Ende eines jeden Kapitels können die Routen als *.gpx-Track für Navigationsgeräte geladen werden. Die Tracks enthalten neben der Route auch die meisten Infos aus den TourTipps. In kostenlosen Programmen (wie BaseCamp) können die Infos reduziert und die Wegstrecken individuell bearbeitet werden. Ausführliche Anleitung siehe Seite 178.

Zeichen im Buch

1 Radler – ganz einfach

2 Radler – relativ leicht

3 Radler – mittelschwer

4 Radler – anspruchsvoll

5 Radler – richtig sportlich

Zeit für die Tour (bei ø 12 km/h)

Höhenmeter (auf/ab)

Radweg

Variante

Parkplatz

Bahnhof

Fähre

Anfahrt

Start/Ziel

Tourist-Information

Einkehren

Übernachten

Fahrradhändler/-werkstatt

Badesee/Schwimmbad/Thermalbad

Burg/Schloss

Besondere Sehenswürdigkeit

[1] Besonderer Streckenpunkt

Telefonnummer

Internet-Adresse

QR-Code: ohne App = Startpunkt
mit App = Tour laden

Die Eifel ist ein Mittelgebirge zwischen Aachen und Trier, nahe der Grenze zu Belgien und Luxemburg. Dichte Wälder, tief eingeschnittene Flusstäler, erloschene Vulkane und die Kraterseen der Maare prägen die Landschaft. Für Radfahrer sind die Routen auf ehemaligen Bahntrassen und entlang uriger Flusstäler besonders attraktiv.

01 Eifel-Ardennen-Radweg

Der Eifel-Ardennen-Radweg verbindet Deutschland und Belgien. Die Tour führt von Pronsfeld nach Sankt Vith und wieder zurück nach Pronsfeld. Dabei nutzt der Radweg über weite Strecken die Trasse der einstigen Westeifelbahn.

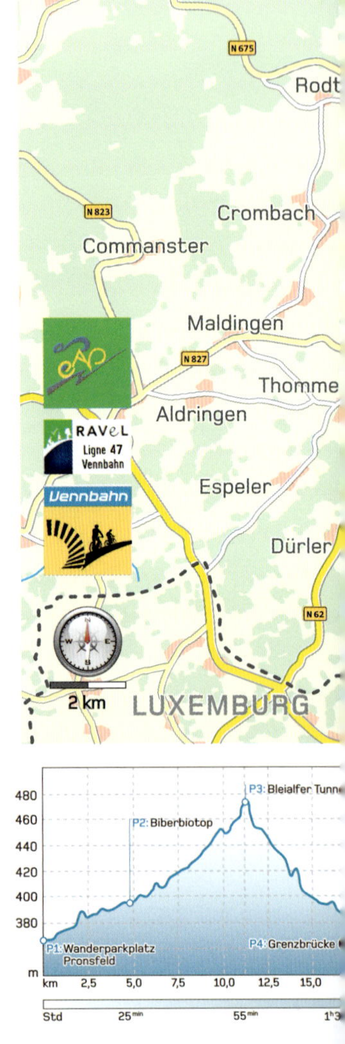

Start/Ziel: Wanderparkplatz am ehemaligen Bahnhof Pronsfeld, Bahnhofstraße, 54597 Pronsfeld

N 50° 09 44.4" E 6° 20' 07.2"

Anfahrt: A 60 bis Ausfahrt 4 Prüm, L 11 Richtung Niederprüm, links auf B 410, dann weiter bis Pronsfeld. Dort rechts auf die Hauptstraße und beim Eisenbahnmuseum rechts in die Bahnhofstraße zum Parkplatz abzweigen.

Parkplatz: ▶ Start/Ziel

Zug: Kein Bahnhof an der Strecke. RadBus Eifel-Ardennen Gerolstein–Sankt Vith (bei Drucklegung kein Transport von Elektrorädern!) mit Halt in Sankt Vith, An den Linden sowie Bleialf, Winterscheiderweg und Prüm, Gerberweg (9 km von Pronsfeld entfernt, ▶ Tour 3), Buchung und weitere Infos ▶ www.radbusse.de

56,3	4h 40min	800	Anspruch
km			

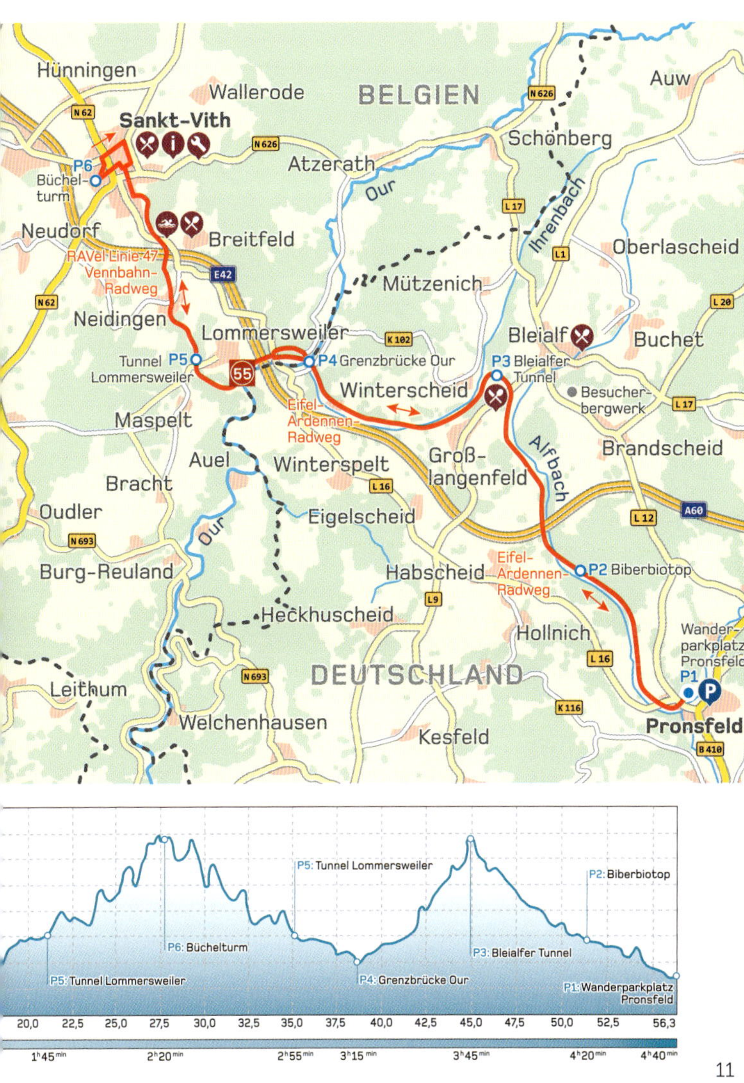

Zwei Länder, eine Tour

Der Eifel-Ardennen-Radweg verbindet den in der Hocheifel gelegenen Nürburgring mit Sankt Vith in Belgien. Unsere Tagestour beschränkt sich auf den Streckenabschnitt von Pronsfeld nach Sankt Vith.

P1
Start

Los geht es im Prümtal am **Wanderparkplatz Pronsfeld (P 1)** nahe des ehemaligen Bahnhofs. Aus dem einstigen Eisenbahnknotenpunkt Pronsfeld wurde ein Radwegknotenpunkt, nachdem mehrere Bahntrassen in Radwege umgebaut worden sind.

In Nähe des Bahnhofs erinnert ein Freilichteisenbahnmuseum mit Schautafeln und einer restaurierten Kleinlok mit angehängten Waggons an die Eisenbahnvergangenheit. Ein beliebtes Fotomotiv ist die rote Köf II (Kleinlokomotive ölgefeuert mit Flüssigkeitsgetriebe Leistungsklasse II) vor dem Prellbock.

Der Eifel-Ardennen-Radweg zweigt nach dem Bahnhof Pronsfeld in das Alfbachtal ab. Die Route nutzt von Pronsfeld bis zur belgischen Grenze die Trasse der ehemaligen Westeifelbahn Gerolstein–Sankt Vith.

Die rote Köf II

Im Alfbachtal können wir uns an dem naturbelassenen Bachlauf und der unberührten Talaue erfreuen. Prominentester „Bewohner“ des Naturparadieses ist der Biber. Als Radfahrer braucht man etwas Glück, um das dämmerungs- und nachtaktive Tier zu sehen. Doch Biberspuren wie abgenagte Äste, gefällte Bäume und Dämme, die kleine Seen aufstauen, sind allenthalben zu erkennen. Auf Schautafeln wird zudem das Biberbiotop (P 2) erklärt.

P2
4.6 km
25min

Nach der Habscheider Mühle führt der Eifel-Ardennen-Radweg unter der Autobahnbrücke der A 60 hindurch und zieht sich sanft ansteigend zum Bleialfer Tunnel hinauf, wo wir uns im Restaurant Weltenbummler ein Päuschen verdient haben. Der 400 Meter lange Bleialfer Tunnel (P 3) ist nur während der Sommermonate geöffnet. Zum Schutz von Fledermäusen wird der Tunnel zwischen Anfang November und Ende März gesperrt, und man muss eine Umleitung nutzen.

P3
11.2 km
55min

Wir gelangen durch den Bleialfer Tunnel in das Ihrenbachtal, wo wir auf leicht abschüssiger Strecke zur Grenzbrücke über die Our (P 4) hinabrollen. Nach einer kurzen Passage im Wiesental der Our passieren wir auf der N 646 beim ehemaligen Zollamt Steinebrück „offiziell“ die Grenze zu Belgien. Anschließend unterquert der Radweg die mächtige Autobahnbrücke der A 60, die das Ourtal überspannt, und trifft beim Knotenpunkt 55 auf den Vennbahn-Radweg.

Auf belgischer Seite fehlt die Beschilderung mit dem Logo des Eifel-Ardennen-Radwegs, dafür folgen wir ab dem Knotenpunkt 55 bis Sankt Vith der RAVeL Linie 47 (gleichzeitig Vennbahn-Radweg). In Belgien besteht zusätzlich eine Knotenpunkt-Wegweisung. Zur Vereinfachung werden in dieser Routenbeschreibung jedoch keine weiteren Knotenpunkte aufgeführt.

Wir verlassen die Our und die Strecke zieht sich sanft ansteigend durch das Braunlauftal, wo wir den rund 100 Meter langen Tunnel Lommersweiler (P 5) durchfahren. In der abwechslungsreichen Landschaft Ostbelgiens folgt das Dorf Neidingen, bevor der Radweg auf einer Nebenstraße die Mariengrotte passiert. Anschließend fahren wir unter der Autobahn-

Im Biberrevier

Grenzbrücke über die Our

Tunnel Lommersweiler

Im Ourtal

bahn E 42 hindurch und kommen nach Wiesenbach, wo das Restaurant Zur Alten Mühle (gegenüber dem Campingplatz) zum Einkehrschwung lockt.

Im hügeligen Gelände treffen wir am Ortsrand von Sankt Vith auf die einstige Bahntrasse, der wir zum alten Bahnhof und Heimatmuseum Sankt Viths folgen. Kaum zu glauben, in der Blütezeit der Eisenbahn liefen hier 26 Gleise zusammen.

Mit Sankt Vith haben wir den Wendepunkt unserer Tour erreicht, sollten uns aber vor der Rückfahrt unbedingt das Städtchen ansehen. Unsere Stadtrundfahrt führt uns über den Marktplatz mit der Tourist-Info zum Büchelturm (P 6), dem Wahrzeichen der Stadt.

P6
27.7 km
$2^{h}\,20^{min}$

Der über 1000 Jahre alte Turm ist das einzige Überbleibsel der mittelalterlichen Stadtbefestigung. Sankt Vith wurde im 2. Weltkrieg nahezu vollständig zerstört. Beim Büchelturm und an weiteren Orten der Stadt zeigen insgesamt 14 große Bildtafeln, wie Sankt Vith vor 1944/45 aussah. Sie sind ein eindrucksvolles Mahnmal für den Frieden.

Mit einem PS

Was wäre ein Abstecher nach Belgien ohne ein paar Fritten. Sie gehören wie Pralinen, Bier und belgische Waffeln zum kulturellen Erbe unseres Nachbarlandes. Egal ob Fritten oder Waffeln, Sankt Vith bietet sich zum Einkehren an, bevor wir uns auf die Rückfahrt begeben. Zurück geht es auf der Strecke des Hinwegs. Nach der Wald- und Wiesenfahrt durch die Ausläufer der belgischen Ardennen passieren wir den Tunnel Lommersweiler (P 5).

P5
35.2 km
2h 55min

Beim Knotenpunkt 55 verlassen wir den Vennbahn-Radweg, überqueren im Ourtal die Grenzbrücke über die Our (P 4) und sind zurück in Deutschland. Nun strampeln wir im romantischen Ihrenbachtal den Hang hinauf und können die bisherigen Kilometer in unseren Beinen spüren.

P4
38.7 km
3h 15min

Auf dem Eifel-Ardennen-Radweg folgt die Fahrt durch den Bleialfer Tunnel (P 3). Nach der Tunnelausfahrt lohnt sich ein Abstecher nach Bleialf. Der Ort besitzt eine lange Bergbautradition. Von Mai bis Oktober besteht Samstag- und Sonntagnachmittag die Gelegenheit, in den Stollen des Besucherbergwerks Mühlenberger Stollen der Bleierzgrube „Neue Hoffnung“ einzu-

P3
45.1 km
3h 45min

Heimatmuseum Sankt Vith

Der Büchelturm

Muuuhh!

fahren und die Arbeit unter Tage kennenzulernen (Öffnungszeiten ▶ www.besucherbergwerk.bleialf.org).

Zum Abschluss rollen wir sanft bergab durch das Naturschutzgebiet Alfbachtal, sagen den Bibern (P 2) Lebewohl und kehren ins Prümtal zurück.

Am Ausgangspunkt dem Wanderparkplatz Pronsfeld (P 1) verabschieden wir uns vom Eifel-Ardennen-Radweg und können auf eine erlebnisreiche Tour in zwei Ländern zurückblicken.

Adieu Eifel-Ardennen-Radweg

Fazit

Eine Traumtour in der herrlichen Naturlandschaft der Eifel und der Ardennen. Dank des Bahntrassenradwegs sind die Höhenunterschiede gut zu bewältigen. Dennoch empfiehlt sich die Fahrt mit einem Pedelec. Die Tour verdient schönes Wetter.

TourTipps

- Tourist-Info Sankt Vith, Rathausplatz 1, 4780 St. Vith, Belgien, 0032/80/280130 www.st.vith.be

- Restaurant Weltenbummler, Bahnhofstraße 52, 54608 Bleialf, 06555/9019222, www.restaurant-weltenbummler.com
- Haus Zwicker, Am Markt 2, 54608 Bleialf, 06555/92000, www.zwicker-bleialf.de

P3

- Altes Backhaus, Auwer Straße 12, 54608 Bleialf, 06555/8699, www.backhaus-bleialf.de
- Restaurant Zur Alten Mühle, Wiesenbachstraße 65, 4780 St. Vith, Belgien, 0032/80/228442, www.zuraltenmuehle.be

P6

- Ratskeller, Hauptstraße 40, 4780 St. Vith, Belgien, 0032/80/227333
- Sit Down, Hauptstraße 36, 4780 St. Vith, Belgien, 0032/80/398756, www.sit-down.be
- Restaurant Pip-Margraff, Hauptstraße 7, 4780 St. Vith, Belgien, 0032/80/80228663, www.pip.be

- Fahrrad Reuter, Pulverstraße 8, 4780 St. Vith, Belgien, 0032/80/228230, www.fahrrad.be

- Freibad Wiesenbach, Wiesenbachstraße, 4780 St. Vith, Belgien, 0032/80/226137,

In Sankt Vith

Zwischenmahlzeit

Tour Download: **BT7X116** (für GPS-Geräte)

02 Enz-Radweg

Der Enz-Radweg ist ein herrlicher Bahntrassenradweg. Von Pronsfeld geht es über die einsame Hochfläche des Islek hinweg in das malerisch im Talkessel der Enz gelegene Neuerburg und nach einem ausgiebigen Stadtbummel zurück nach Pronsfeld.

Start/Ziel: Wanderparkplatz am ehemaligen Bahnhof Pronsfeld, Bahnhofstraße, 54597 Pronsfeld

N 50° 09' 44.4" E 6° 20' 07.2"

Anfahrt: A 60 bis Ausfahrt 4 Prüm, L 11 Richtung Niederprüm, links auf B 410, dann weiter bis Pronsfeld. Dort rechts auf die Hauptstraße und beim Eisenbahnmuseum rechts in die Bahnhofstraße zum Parkplatz abzweigen.

Parkplatz: ▶ Start/Ziel

Zug: Kein Bahnhof an der Strecke. RadBus Enztal Irrel-Neuerburg (bei Drucklegung kein Transport von Elektrorädern!) mit Halt in Neuerburg, Poststraße. Ab Irrel besteht mit den RadBussen Nimstal und Sauertal Anschluss nach Trier. Buchung und weitere Infos ▶ www.radbusse.de

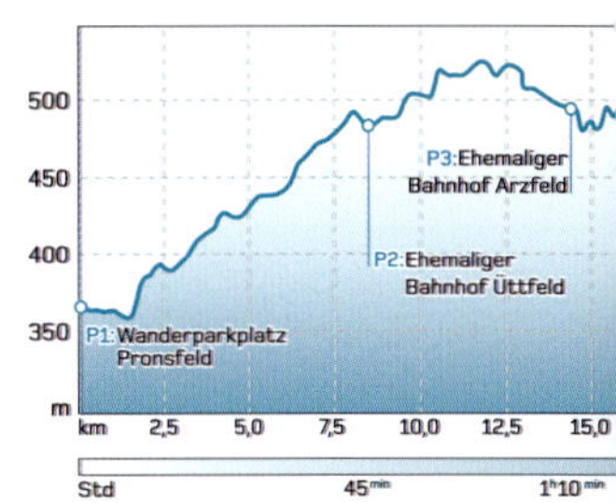

55.3 km | 4h 35min | 1035 |  Anspruch

Wanderparkplatz Pronsfeld P1
Pronsfeld
Großkampenberg
DEUTSCHLAND
Üttfeld
Eifel-Zoo
Prüm-Radweg
Matzerath
Ehemaliger Bahnhof Üttfeld P2
Enz-Radweg
Lünebach
Leidenborn
Binscheid
Eschfeld
Lichtenborn
Dackscheid
Ehemaliger Bahnhof Arzfeld
Reiff
Arzfeld P3
Sankt Maria Magdalena
Waxweiler
Stausee Arzfeld P4
Hölzchen
Daleiden
Neurath
Krautscheid
Ammeldingen
Phillipsweiler
Prüm
Enz
Zweifelscheid
Plascheid
P5 Weidendell-Tunnel
Enz-Radweg
Karlshausen
Echtershausen
Neuerburger Tunnel
Scheuern
Burg Neuerburg P6
Neuerburg
Weidingen
Stausee Bitburg
Herbstmühle

P4: Stausee Arzfeld
P5: Weidendell-Tunnel
P6: Burg Neuerburg
P5: Weidendell-Tunnel
P3: Ehemaliger Bahnhof Arzfeld
P2: Ehemaliger Bahnhof Üttfeld
P1: Wanderparkplatz Pronsfeld

17,5 20,0 22,5 25,0 27,5 30,0 32,5 35,0 37,5 40,0 42,5 45,0 47,5 50,0 52,5 55,3

1h30min 2h00min 2h20min 2h45min 3h25min

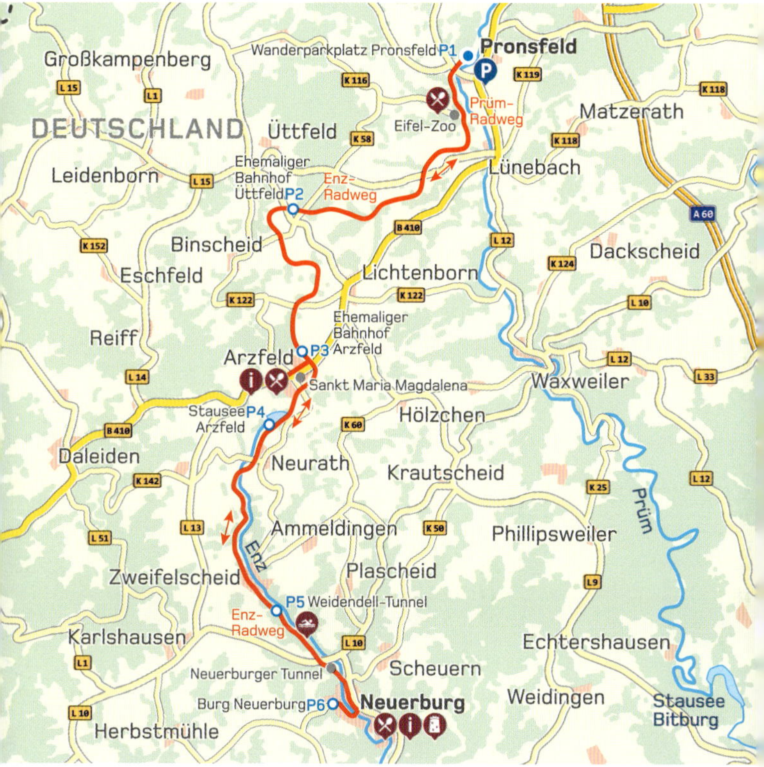

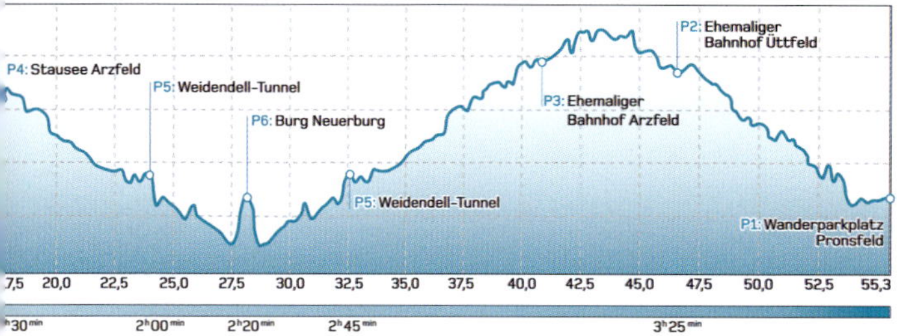

Romantisches Ziel

Die Tour beginnt am Wanderparkplatz Pronsfeld (P 1) unweit des ehemaligen Bahnhofs. Ein kleines Freilufteisenbahnmuseum mit Schautafeln und einer restaurierten Kleinlok mit Waggons erinnert an die Geschichte des Ortes als einstigem Eisenbahnknotenpunkt.

P1
Start

Neben der Anbindung an die Westeifelbahn führten Stichbahnen von Pronsfeld nach Neuerburg und nach Waxweiler. Das ist unser Glück, denn die einstige Bahntrasse Pronsfeld-Neuerburg bildet das Herzstück des Enz-Radwegs und damit unserer Route.

Im Tal der Prüm folgen wir dem Prüm-Radweg, ehe wir nach 1,5 km auf Höhe des Eifel-Zoos auf den Enz-Radweg (gleichzeitig Rheinland-Pfalz-Radroute und Venn-Eifel-Mosel-Radweg) abzweigen. Nach einem kurzen Steilanstieg ist die einstige Trasse der Enztalbahn erreicht.

Wir setzen unsere Fahrt auf dem Bahntrassenradweg fort, der sich sanft ansteigend auf die Hochfläche des Islek schlängelt. Dabei überqueren wir zunächst das beeindruckende Euscheider Viadukt.

Die Trasse beschreibt einen weiten Bogen und zieht sich am Hang des Kelsbachtals zum ehemaligen Bahnhof Üttfeld (P 2). Nach einem Schlenker über die Hauptstraße setzt sich der

P2
8.5 km
45 min

Auf dem Euscheider Viadukt

Bahntrassenradeln

Abfahrt im Enztal

Bahntrassenradweg in der Mittelgebirgslandschaft fort und eröffnet herrliche Weitblicke über die offene Hochfläche. Der Islek ist eine nach Süden geneigte Hochebene mit kargen, steinigen Böden, ein siedlungsarmer Landstrich, wild, rau und stürmisch.

Der Streckenverlauf bietet einen steten Wechsel von Wald, Wiesen, Feldern und sanften Hügeln, ehe wir beim ehemaligen Bahnhof Arzfeld (P 3) den Hauptort des Islek erreichen. Bei einem Abstecher in die Ortschaft können wir die Pfarrkirche Sankt Maria Magdalena sowie das Klöppelkriegerdenkmal besuchen und uns in der Bäckerei Kyll's oder der Prümtaler Mühlenbäckerei stärken. In Arzfeld treffen wir erstmals auf die Enz, die auf der Arzfelder Hochfläche entspringt.

Ab Arzfeld weist der Enz-Radweg ein leichtes Gefälle auf, und wir rollen auf dem Asphaltband, ohne groß in die Pedale treten zu müssen, bis Neuerburg. Beim Stausee Arzfeld (P 4) lohnt sich ein kurzer Abstecher zum Seeufer, bevor wir die Fahrt durch das romantische Obere Enztal fortsetzen. Die Route ist vielfach rechts und links des Weges von Hecken, Gehölz und Bäumen eingerahmt, bietet aber auch Weitblicke und Abschnitte durch offenes Gelände.

Nächste Höhepunkte sind die Durchfahrung des Weidendell-Tunnels (P 5) und des Neuerburger Tunnels, nach dessen Südportal der Bahntrassenradweg am Ortsrand von Neuerburg endet. Auf dem Weg ins Ortszentrum lohnt sich ein Stopp bei dem imposanten Doppelwasserfall an der alten herrschaftlichen Mühle.

Das romantische Burgstädtchen Neuerburg mit seinen engen Gassen, den Resten der Stadtmauer, seiner Burg und der spätgotischen Pfarrkirche St. Nikolaus mit dem freistehenden Torturm ist Ziel und Wendepunkt unserer Tour.

Der Anstieg zu Burg Neuerburg (P 6) ist ohne Motorunterstützung selbst im kleinsten Gang eine Herausforderung, mit dem Pedelec aber gut zu bewältigen. Die Ursprünge der Burg gehen auf das Jahr 1132 zurück. Die Höhenburg mit ihrer wechselvollen Geschichte wird heute als Jugendburg von Kindern und Jugendlichen im Rahmen von Klassenfahrten, Ferienfreizeiten und Familienwochenenden genutzt.

In der Steigung zur Burg passiert man das frühere Lehnshaus, den einstigen Sitz der herrschaftlichen Beamten. Das Gebäude mit einem markanten weißen Turm, der ehemals zur Stadtmauer gehörte, beherbergt heute das Pfarrhaus. Ein herrlicher Panoramablick auf Neuerburg besteht auf der anderen Seite der Stadt vom Turm der Ruine Beilsturm.

Bevor wir die Rückfahrt antreten, haben wir uns eine Stärkung verdient. Am Marktplatz lockt das Restaurant bei Johan und in der Oberstraße das Ristorante bei Gino. Etwas entfernt vom

Burg Neuerburg

Stadtpanorama Neuerburg vom Beilsturm

In Neuerburg

Das frühere Lehnshaus

Stadtkern bietet sich das Restaurant Euvea zur Einkehr an. Zurück geht es auf der Strecke des Hinwegs. Auf dem Bahntrassenradweg fahren wir durch den Neuerburger-Tunnel unter dem Heinzenberg hindurch, ehe sich mit dem Weidendell-Tunnel (P 5) eine zweite Tunneldurchfahrung anschließt.

Im abgeschiedenen Oberen Enztal strampeln wir auf die Hochebene des Islek und gelangen zu dem ehemaligen Bahnhof Arzfeld (P 3). Ein paar Höhenmeter sind noch zu bewältigen, dann geht es abwärts in Richtung Prümtal.

P2
46.7 km
3h 55min

Mit dem ehemaligen Bahnhof Üttfeld (P 2) passieren wir das nächste ehemalige Bahnhofsgebäude, ehe wir über das Euscheider Viadukt rollen. In der kurzen Abfahrt nach dem Ende des Bahntrassenradweges können wir linker Hand einen Abstecher zum Eifel-Zoo (Öffnungszeiten ▶ www.eifel-tiergarten.de) unternehmen.

Die letzten Meter auf dem Prüm-Radweg dienen dem gemütlichen Ausrollen, ehe wir am Wanderparkplatz Pronsfeld (P 1) zum Ausgangspunkt der Tour zurückkehren.

Fazit

Ein Bahntrassenradweg wie aus dem Bilderbuch mit Tunneldurchfahrten, einem historischen Viadukt, ausrangierter Lok, liebevoll restaurierten Bahnhöfen und Neuerburg als lohnendem Ziel. Wegen der Streckenlänge und der Anstiege empfiehlt sich ein Pedelec.

TourTipps

- Tourist-Info Arzfeld, Luxemburger Straße 4, 54687 Arzfeld, 06550/974-190, www.vg-arzfeld.de
- Tourist-Infopunkt Neuerburg im Post & Presse-Shop Johann Roos, Herrenstraße 18, 54673 Neuerburg, 06564/4470

- Rasthaus/Grillhütte im Eifel-Zoo, Reinigseifen 2, 54597 Lünebach-Pronsfeld, 06556/411, www.eifel-tiergarten.de
- Prümtaler Mühlenbäckerei, Bahnhofstraße 3, 54687 Arzfeld, 06550/9285610
- P3 Kyll's Backstube, Hauptstraße 15, 54687 Arzfeld, 06550/1230, www.kylls-backstube.de
- Restaurant bei Johan, Marktplatz 4, 54673 Neuerburg,
- P6 06564/9607356, www.bistro-neuerburg.com
- Ristorante bei Gino, Oberstraße 1, 54673 Neuerburg, 06564/2900
- Restaurant Euvea, Bitburger Straße 21, 54673 Neuerburg, 06564/96090, www.euvea.de

- Freizeitbad Aqua Fun, In der Enz, 54673 Neuerburg, 06564/2955, www.neuerburg-eifel.de

Stausee Arzfeld

Tour Download: **BT7X215** (für GPS-Geräte)

03 Prüm-Radweg

Wo wir heute radeln, fuhren früher Züge. Der Prüm-Radweg führt weitgehend eben auf einer ehemaligen Bahntrasse von Prüm nach Waxweiler und verbindet mit der St. Salvator Basilika und dem Devonium zwei besondere Highlights der entspannenden Tour.

Start/Ziel: St. Salvator Basilika Prüm, Hahnplatz 17, 54595 Prüm

N 50° 12' 23.8" E 6° 25' 31.4"

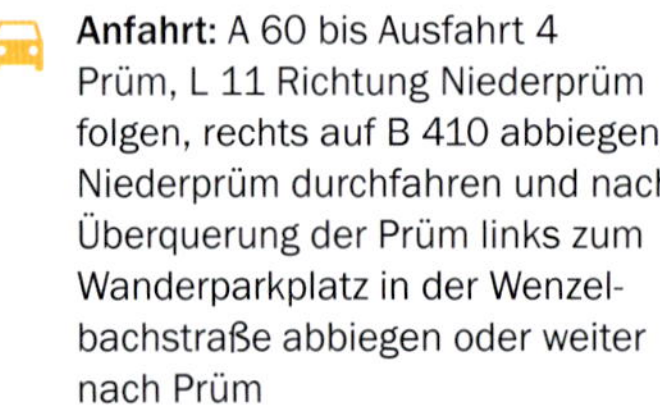

Anfahrt: A 60 bis Ausfahrt 4 Prüm, L 11 Richtung Niederprüm folgen, rechts auf B 410 abbiegen, Niederprüm durchfahren und nach Überquerung der Prüm links zum Wanderparkplatz in der Wenzelbachstraße abbiegen oder weiter nach Prüm

Parkplatz: Wanderparkplatz Wenzelbachstraße, 54595 Prüm, direkt am Radweg gelegen, rund 1,6 km von Start/Ziel entfernt

Zug: Kein Bahnhof an der Strecke. RadBusse Eifel-Ardennen Gerolstein–Sankt Vith und EifelLux Gerolstein–Clervaux (bei Drucklegung kein Transport von Elektrorädern!) mit Halt in Prüm, Gerberweg. Buchung und weitere Infos ▶ www.radbusse.de

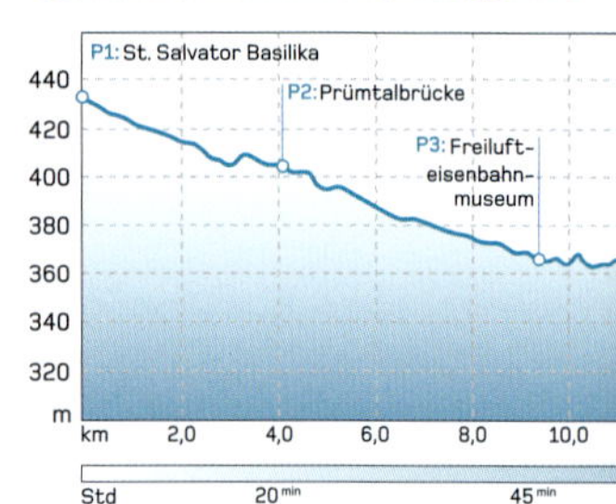

38.4 km | 3h 10min | 340 ↑ ↓ | Anspruch

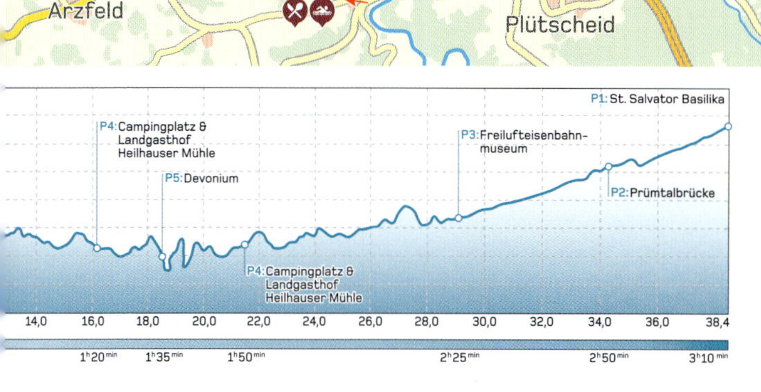

Bahn frei

Während der gesamte Prüm-Radweg von Stadtkyll nach Minden eher sportlichen Radfahrern zu empfehlen ist, bietet die Teilstrecke von Prüm nach Waxweiler familienfreundliches Radvergnügen und wird auch von Skatern genutzt. Die Tour beginnt an der St. Salvator Basilika (P 1) in Prüm. Die Basilika mit ihren Zwillingstürmen und die Abteigebäude sind das Wahrzeichen und der Stolz der Stadt.

P1
Start

Die Stadtgeschichte reicht bis ins Jahr 721 zurück, als in Prüm ein Kloster gegründet wurde. 799 wurde im Beisein von Karl dem Großen die Klosterkirche St. Salvator eingeweiht. Wegen ihrer kostbaren Ausstattung wurde sie auch goldene Kirche genannt. Nach mehreren Zerstörungen und Brandkatastrophen wurde 1721 im Auftrag des Trierer Kurfürsten mit dem Neubau der heutigen St. Salvator Basilika begonnen. Ab 1748 erfolgte der Neubau der Abteigebäude nach Plänen von Balthasar Neumann. Die Stadt Prüm wurde im 2. Weltkrieg zu 80 Prozent zerstört, und auch Kirche und Abteigebäude wurden stark beschädigt.

Von dem hinter der Basilika und derAbtei gelegenen Busbahnhof folgen wir dem Prüm-Radweg in südwestlicher Richtung aus der Stadt heraus. Die Strecke nutzt die Trasse der ehemaligen Westeifelbahn, die von Prüm über Pronsfeld nach Sankt Vith in Belgien führte. Doch das ist Geschichte: Heute ist die Bahntrasse als Radweg ausgebaut, der sich mit kaum wahrnehmbarem Gefälle durch das breite Tal der Prüm zieht.

Auf Höhe des Landhotels am Wenzelbach quert die Route die B 410 und passiert den Wanderparkplatz Wenzelbachstraße, der als Alternative ebenfalls einen guten Einstieg in die Tour bietet. Wir lassen Niederprüm links liegen und fahren unter der mächtigen Prümtalbrücke (P 2) hindurch, die das Tal überspannt. Auf der Brücke überquert die A 60 das Tal. Nach Watzerath und Pittenbach gelangen wir zum ehemaligen Bahnhof Pronsfeld.

P2
4.1 km
20 min

An dem einstigen Bahnknotenpunkt erinnert ein kleines Freilufteisenbahnmuseum (P 3) an die Eisenbahnhistorie des Ortes und der Westeifel. Die rote Kleinlok Köf II liefert mit eini-

P3
9.3 km
45 min

gen angehängten Waggons ein beliebtes Fotomotiv vor einem Prellbock. Pronsfeld lag an der Strecke der Westeifelbahn und war Ausgangspunkt der Stichbahnen nach Neuerburg und Waxweiler. Der Prüm-Radweg folgt ab Pronsfeld der Stichbahn nach Waxweiler.

P4 16.2 km 1h 20min

Die Route zieht sich sanft abfallend durch die Feld-, Wald- und Wiesenlandschaft, ehe wir am Ortsrand von Lünebach die K 116 überqueren. Weiter geht es im beschaulichen Prümtal zum Campingplatz und Landgasthof Heilhauser Mühle (P 4). Der etwas abseits des Radwegs gelegene Landgasthof kommt als Einkehrgelegenheit wie gerufen. Im Inneren des stilvoll restaurierten Mühlengebäudes erlaubt ein begehbarer Glasboden den Blick auf das von Wasserkraft angetriebene Mühlrad.

Nach der Heilhauser Mühle verengt sich das Prümtal, der Radweg wechselt die Uferseite und bietet von der Brücke über die Prüm einen herrlichen Blick auf die Flussaue. Am Ortsrand von Waxweiler endet der Bahntrassenradweg beim imposanten ehemaligen Bahnhofsgebäude. Mit Waxweiler haben wir den Wendepunkt unserer Tour erreicht, sollten uns aber vor der Rückfahrt unbedingt das Städtchen ansehen. Nach einem kurzen Anstieg verlassen wir im Ortszentrum den Prüm-Radweg und biegen in die Hauptstraße ab, die steil bergab zum Fluss hinabführt.

An der „Jaas“ liegen mit dem Südeifeldom und dem Mitmachmuseum Devonium (P 5) die beiden Hauptsehenswürdigkeiten des Ortes direkt nebeneinander. Das Devonium eröffnet eine spannende Zeitreise in das Devon-Zeitalter vor 400 Mio. Jahren, als Waxweiler in einem tropischen Flussdelta lag und Pflanzen begannen, das Land zu erobern. Wir machen Bekanntschaft mit Überlebenden dieser Periode der Erdgeschichte und erfahren viel Wissenswertes über die Geschichte der Evolution.

Nach einem Abstecher auf die andere Uferseite der Prüm passieren wir Campingplatz und Freibad. Im Sommer kann man die Radtour wunderbar mit einem Freibadbesuch verbinden. Und natürlich wird in Waxweiler auch für unser leibliches Wohl

St. Salvator Basilika Prüm

Bahntrassenradeln

Brückenüberquerung im Prümtal

Rast in Waxweiler

Heilhauser Mühle

P4
21.5 km
1h 50min

gesorgt. Nach dem Besuch von Eisdiele, Bistro oder Restaurant treten wir gut gestärkt die Rückfahrt an. Dabei nutzen wir die Route des Hinwegs und passieren zunächst den Campingplatz und Landgasthof Heilhauser Mühle (P 4).

P3
29.1 km
2h 25min

Vorbei an Waldhängen, Wiesen und Auen geht es weiter nach Lünebach, wo das urige Café 1900 direkt am Radweg liegt. Am Abzweig des Enz-Radwegs lohnt sich ein Abstecher zum nahen Eifel-Zoo (Öffnungszeiten ▶ www.eifel-tiergarten.de) im Bierbachtal. Auf dem Prüm-Radweg folgt das Freilufteisenbahnmuseum Pronsfeld (P 3) mit der begehbaren Kleinlok Köf II.

P2
34.3 km
2h 50min

Nachdem wir unter der Prümtalbrücke (P 2) hindurch geradelt sind, bietet sich am Ortrand von Prüm das Landhotel am Wenzelbach zum gemütlichen Tourenausklang an.

P1/Ziel
38.4 km
3h 10min

Alternativ können wir in Prüm das gastronomische Angebot rund um den Hahnplatz nutzen und zum Abschluss der Tour den Blick auf die großartige St. Salvator Basilika (P 1) genießen.

Fazit

Dank des Bahntrassenradwegs eine Familien- und Genusstour par excellence! Die Streckenführung verspricht sanftes Dahinrollen ohne große Anstiege. Die abwechslungsreiche Landschaft und viele Sehenswürdigkeiten runden das Radelerlebnis ab.

TourTipps

- Tourist-Info Prümer Land, Hahnplatz 1, 54595 Prüm, 06551/505, www.ferienregion-pruem.de

- Café 23, Hahnplatz 23, 54595 Prüm, 06551/14122
- Zur Alten Abtei, Hahnplatz 24, 54595 Prüm, 06551/2360, www.zur-alten-abtei.de
- Eiscafé Stella d'Oro, Hahnplatz 29, 54595 Prüm, 06551/3688
- Stiftsklause Prüm, Hahnplatz 29, 54595 Prüm, 06551/9817755, www.stiftsklause-pruem.de
- Landhotel am Wenzelbach, Kreuzerweg 30, 54595 Prüm, 06551/95380, www.wenzelbach.de
- Rasthaus/Grillhütte im Eifel-Zoo, Reinigseifen 2, 54597 Lünebach-Pronsfeld, 06556/411, www.eifel-tiergarten.de
- Café 1900, Amselweg 10a, 54597 Lünebach, 06556/93080, www.cafe-1900.de
- P4 Heilhauser Mühle, Heilhauser Mühle 1, 54649 Manderscheid-Waxweiler, 06554/900842, www.landgasthof-heilhauser-muehle.de
- Hotel am Schwimmbad, Bahnhofstraße 8, 54649 Waxweiler, 06554/389, www.hotelamschwimmbad.de
- P5 Eiscafé Italia Waxweiler, Luxemburger Straße 21, 54649 Waxweiler, 06554/900202
- Bistro am Park im Campingpark Eifel, Schwimmbadstraße 7, 54649 Waxweiler, 06554/9200-0, www.ferienpark-waxweiler.de

- Zweirad Rolle, Gerberweg 47, 54595 Prüm, 06551/971060, www.zweirad-rolle.de

- Freibad Waxweiler, Schwimmbadstraße 9, 54649 Waxweiler, 06554/290, www.waxweiler.com
- Waldfreibad Prüm, Prümtalstraße, 54595 Prüm, 06551/3400, www.schwimmbad-pruem.de

Tour Download: **BT7X314** (für GPS-Geräte)

Direkt in die App mit scan to go®

04 Kosmosradweg Kleine Kyll

Der Kosmosradweg Kleine Kyll verläuft von Daun entlang der Kleinen Kyll nach Meerfeld. Während die Kurzstrecke den Hinweg für die Rückfahrt nutzt, führt die Langstrecke über Manderscheid und den Maare-Mosel-Radweg zurück nach Daun.

Start/Ziel: Ehemaliger Bahnhof Daun, Bahnhofstraße 20-22, 54550 Daun

N 50° 11' 52.7" E 6° 50' 07.7"

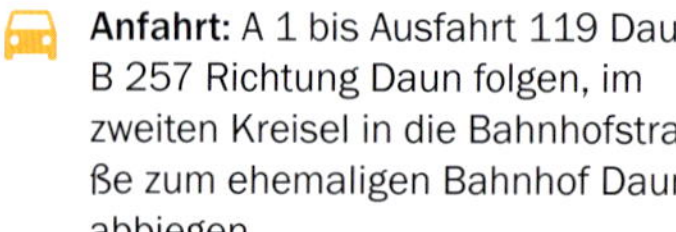

Anfahrt: A 1 bis Ausfahrt 119 Daun, B 257 Richtung Daun folgen, im zweiten Kreisel in die Bahnhofstraße zum ehemaligen Bahnhof Daun abbiegen

Parkplatz: ▶ Start/Ziel

Zug: Kein Bahnhof an der Strecke. RadBus Maare-Mosel Bernkastel–Daun mit Halt in Daun, Abzweig Bahnhof sowie Manderscheid, Dauner Straße und RadBus Vulkaneifel Cochem–Daun mit Halt in Daun, ZOB. Buchung und weitere Infos ▶ www.radbusse.de

Variante kurz:

45.5 km 3h 50min 1205

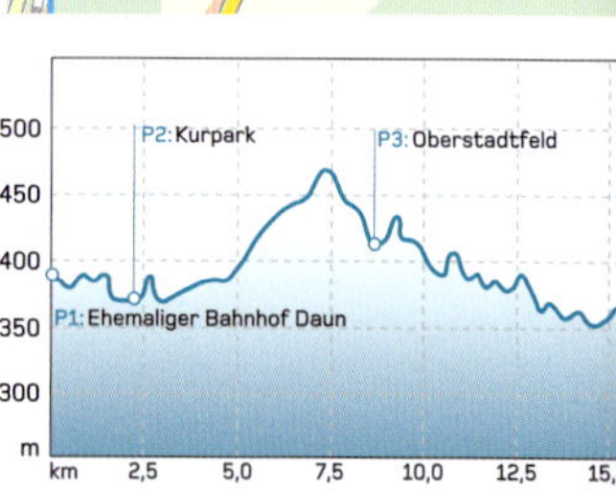

Daun
Darscheid
Neunkirchen
Ehemaliger Bahnhof Daun
P1
A 1
Neroth
L 28
L 66
Kurpark
A 48
P2
L 27
L 68
B 257
Steiningen
Wild-und Erlebnispark
Tunnel Großes Schlitzohr
Gemünden
Oberstadtfeld P3
Mehren
Demerath
L 46
L 64
Nieder-stadtfeld
L 27
Weiersbach
P10 Ehemaliger Bahnhof Schalkenmehren
Schalken-mehren
L 65
B 421
Wallenborn
Ellscheid
Üdersdorf
Trittscheid
Lieser
K 14
K 19
A 1
Pulver-maar
Kosmosradweg Kleine Kyll
Udler
Gillenfeld
K 5
Schutz
Bleckhausen
P9 Gillenfeld
K 18
L 64
Holz-maar
K 6
K 25
Eckfeld
Bleckhausener P4 Mühle
L 46
Maare-Mosel-Radweg
K 26
Strohn
Brunnen-stübchen P5
Urknall
Manderscheid
P8 Ehemaliges Kloster Buchholz
K 29
K 25
Wall-scheid
Meerfeld
Maarmuseum P6
K 18
P7 Manderscheider Burgen
Betten-feld
Mückeln
L 16
K 10

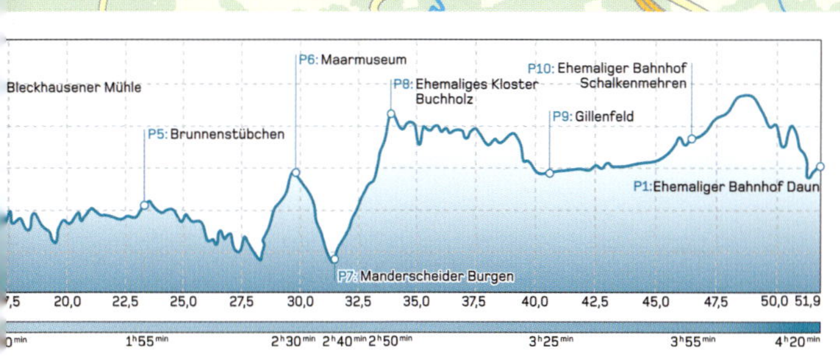

Zurück zum Urknall

Der Kosmosradweg Kleine Kyll beginnt am ehemaligen Bahnhof Daun (P 1). Seit die Eifelquerbahn 2012 eingestellt wurde, ist es am Bahnhof ruhig geworden. Für Autofahrer gibt es viele Stellplätze, eine öffentliche Toilette ist vorhanden und im Eisenbahnwagon „Zum Stellwerk“ werden Erfrischungen angeboten. Der Kosmosradweg führt über zwei Kreisverkehre zum Ortsrand unterhalb des Eisenbahnviadukts Daun. Von unten wirkt das Viadukt noch eindrucksvoller als beim Überfahren.

P1
Start

Im Tal der Lieser folgt eine Holperstrecke entlang des Waldrands. Anschließend verläuft die Route um das Gelände der Dauner & Dunaris Quelle herum und führt durch den herrlich angelegten Kurpark (P 2), der mit See, Kräutergarten, Barfußpfad, Klimapavillon sowie vielen Bänken und Liegen zum Entschleunigen einlädt. An der Dunaris-Quelle können wir das staatlich anerkannte Heilwasser kosten, unsere Trinkflaschen füllen und beim Kneipen den ganzen Körper beleben.

P2
2.2 km
10 min

Im Kurpark beginnt die „Reise in die Weiten des Weltalls“. Entlang des Kosmosradwegs vermitteln Stelen mit maßstabsgetreuen Planetenkugeln ein Gefühl für die gigantischen Entfernungen und Zeiträume unseres Sonnensystems. Die Strecke ist thematisch zweigeteilt. Bis zur Bleckhausener Mühle sind die Planeten maßstabsgetreu in Größe und Entfernung zur Sonne am Wegrand platziert, danach führt der Radweg bis zum „Urknall“, dem fotogenen Schlusspunkt am Meerfelder Maar.

Entspannung im Kurpark

Am südlichen Ende des Kurparks lohnt sich ein Abstecher zum Gemündener Maar, ehe die Route Gemünden durchquert und sich in einem idyllischen Bachtal zum Ortsrand von Pützborn zieht. Im Anstieg geht es unterhalb des Wild- und Erlebnisparks Daun über eine Hangwiese, bevor sich nach der Hügelkuppe bei der Uranus-Steele ein schöner Rastplatz auftut. Ab Oberstadtfeld (P 3) begleitet die Kleine Kyll die Strecke, weshalb der Kosmosradweg den Zusatz Kleine Kyll trägt.

P3
8.6 km
45 min

Die folgende Passage im engen Tal der Kleinen Kyll bietet Genussradeln pur. Bäume spenden im Sommer angenehm Schatten, neben dem Radweg plätschert munter der Bach, die Route ist perfekt asphaltiert und die Strecke kaum frequentiert. Die Tour streift Niederstadtfeld und führt am Fuß des Burbergs vorbei, den eine Deutschlandfahne ziert. Wir durchfahren die Ortschaft Schutz und wechseln bei der einsam im Tal gelegenen Bleckhausener Mühle (P 4) die Flussseite. Der Radweg schlängelt sich entlang des Uferhangs der Kleinen Kyll, bis die Route die K 10 erreicht und in ein Seitental in Richtung Meerfeld abbiegt.

P4
16.4 km
1 h 20 min

Am Rand des Meerfelder Maars erwartet uns mit dem Urknall das Fotomotiv des Radwegs. Mit Fahrrad passt man genau in das kreisrunde Loch der Stele, die den Beginn des Universums symbolisiert. Das Meerfelder Maar ist der größte Maarkessel der Eifel. Er entstand bei einer Explosion vor rund 80.000 Jahren. Im Sommer kann man im See baden und sich vor der Weiterfahrt herrlich erfrischen. Das Naturfreibad Meerfelder Maar liegt nur ein paar Meter vom Urknall entfernt.

Ein Feldweg zieht sich um das Nordufer nach Meerfeld, wo der Kosmosradweg endet. Der Erholungsort bietet sich mit dem Brunnenstübchen (P 5) oder SchlemmerCafé für eine Verpflegungspause an. Auf der Rückfahrt kommen wir erneut am Urknall vorbei und können an der Abzweigung im Tal der Kleinen Kyll zwischen Kurz- und Langstrecke wählen.

P5
23.4 km
1 h 55 min

Die Kurzstrecke nutzt den Hinweg zur gemütlichen Rückfahrt nach Daun.

Im Kurpark

Reise durch das Weltall

Am Meerfelder Maar

Um das Maar herum

Brunnenstübchen Meerfeld

Alternativ bietet die Langstrecke eine sportliche Herausforderung. Die Route über Manderscheid und den Maare-Mosel-Radweg ist mit zwei steilen Anstiegen, einem kurzen Crossabschnitt und einer längeren Straßenpassage verbunden. Die Strecke ist bis Manderscheid als Radweg mit Zwischenwegweisern beschildert.

Nach einer kurzen Straßenpassage geht es auf Fuß- und Forstwegen, d.h. teils über Stock und Stein, zur idyllisch gelegenen Heidsmühle, wo wir uns vom Tal der Kleinen Kyll verabschieden und in Serpentinen nach Manderscheid hinaufstrampeln. Bei Nässe sollte man diesen Streckenabschnitt auf der L 16 umfahren.

P6
29.9 km
2h 30min

In Manderscheid, einem touristischen Zentrum der Vulkaneifel, sollte man sich den Besuch des Maarmuseums (P 6) nicht entgehen lassen. Hauptsehenswürdigkeit ist das nur rund 50 cm große „Eckfelder Urpferdchen". Von der Haltestelle Dauner Straße kann man den RadBus MaareMosel zur Rückfahrt nach Daun nutzen (www.radbusse.de, Vorreservierung empfehlenswert!).

P7
31.5 km
2h 40min

Vom Ortsrand und auf der Serpentinenabfahrt hinab ins Tal der Lieser bietet sich ein fantastischer Blick auf die beiden Manderscheider Burgen (P 7). Ober- und Niederburg, nur einen Steinwurf voneinander entfernt, trennten die Herrschaftsbereiche des Kurfürsten von Trier und der Manderscheider Grafen. Auf halber Höhe des folgenden Anstiegs zweigt eine kleine Straße nach Buchholz ab.

P8
34.0 km
2h 50min

Den Steilanstieg begleitet ein Kreuzweg zum ehemaligen Kloster Buchholz (P 8). Nachdem die Hochfläche erreicht ist, trifft die Strecke nach dem Gasthaus Höfchen auf den Maare-Mosel-Radweg. Die Route zieht sich auf der Trasse der ehemaligen Bahnstrecke Daun–Lieser über die Eifelhöhe.

In Eckfeld lockt das Bauernhofcafé Morgenfelderhof zur Einkehr. Anschließend streift der Bahntrassenradweg das Holzmaar und erreicht nach einer Waldpassage Gillenfeld (P 9), wo das nette Eifeler Scheunencafé nicht weit vom Radweg entfernt liegt.

Das traumhafte Meerfelder Maar

Die Manderscheider Burgen

Ober- und Niederburg

P10
46.6 km
3h 55min

Weiter geht es durch die weite Hügellandschaft der Vulkaneifel vorbei an Feldern, Wiesen und Weideflächen zum ehemaligen Bahnhof Schalkenmehren (P 10). Wer genug Zeit mitbringt, kann einen Abstecher zum herrlich gelegenen Schalkenmehrener Maar unternehmen.

P1/Ziel
51.9 km
4h 20min

Mit dem 560 Meter langen Tunnel Großes Schlitzohr und dem Dauner Viadukt folgen zwei Highlights zum Abschluss der Tour, ehe wir das Ziel am ehemaligen Bahnhof Daun (P 1) erreichen.

Kloster Buchholz

Auf dem Maare-Mosel-Radweg

Fazit

Eine meiner Lieblingstouren, egal ob als Kurz- oder Langstrecke, mit herrlichen Natur-, Kultur- und Genusserlebnissen. Im Sommer an das Strandtuch und die Badesachen denken. Wegen der Streckenlänge und der Anstiege empfiehlt sich ein Pedelec.

Tour Tipps

- Tourist-Info Daun, Leopoldstraße 5, 54550 Daun, 06592/95130, www.gesundland-vulkaneifel.de
- Tourist-Info Manderscheid, Grafenstraße 21, 54531 Manderscheid, 06572/9989005, www.gesundland-vulkaneifel.de

- Bäckerei Schillinger, Bahnhofstraße 20, 54550 Daun, 06592/9838894, www.schillingers.de
- P5 Brunnenstübchen, Brunnenstraße 15, 54531 Meerfeld, 06572/92717, www.brunnenstuebchen-meerfeld.de
- SchlemmerCafé im NaturPurHotel Maarblick, Meerbachstraße 52, 54531 Meerfeld, 06572/4494, www.naturpurhotel.de
- Heidsmühle, Mosenbergstraße 22, 54531 Manderscheid, 06572/747, www.heidsmuehle.de
- P6 De Port Weincafé, Kurfürstenstraße 13, 54531 Manderscheid, 06572/932092, www.weincafe-deport.de
- Trattoria Vulcano, Grafenstraße 18, 54531 Manderscheid, 06572/7099889, www.trattoriavulcano.de
- Alte Molkerei, Grafenstraße 25, 54531 Manderscheid, 06572/9318485, www.alte-molkerei-manderscheid.de
- Gasthaus Höfchen, Buchholzer Straße 26, 54531 Eckfeld-Buchholz, 06572/4525, www.gasthaus-hoefchen.de
- Bauernhofcafè Morgenfelderhof, Brunnenstraße 37, 54531 Eckfeld, 06572/2149, www.bauernhofcafe-morgenfelderhof.de
- P9 Eifeler Scheunencafé, Holzmaarstraße 23, 54558 Gillenfeld, 06573/9526208, www.eifeler-scheunencafe.de

- Fun-Bike-Daun, Trierer Straße 1, 54550 Daun, 06592/3883, www.fun-bike-daun.de

- Naturfreibad Gemündener Maar, Maarstraße, 54550 Daun-Gemünden, 06592/2520, www.dauner-bäder.de
- Naturfreibad Meerfelder Maar, Nähe Parkplatz Meerfelder Maar, 54531 Meerfeld, 06572/2144, www.vulkaneifel.net

Tour Download: **BT7X413** (für GPS-Geräte)

Direkt in die App mit scan to go®

05 Entlang der Our

Die Tour führt im Tal der Our von Wallendorf nach Vianden. Die Hinfahrt erfolgt auf der luxemburgischen Uferseite auf dem Radweg PC 3. Für den Rückweg in Deutschland wird ab Roth an der Our bis Wallendorf die Kreisstraße 5 genutzt.

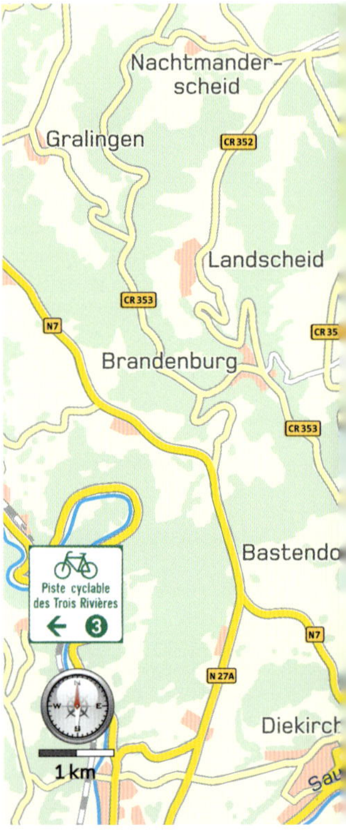

Start/Ziel: Sauerbrücke Wallendorf, 54675 Wallendorf

N 49° 52' 30.9" E 6° 17' 24.4"

Anfahrt: B 257/E 29 bis Echternach, in Luxemburg N 10 bis Wallendorf-Pont, rechts auf die Sauerbrücke abbiegen

Parkplatz: Parkplatz Zehntscheune in Wallendorf gegenüber Landgasthof Am Häffchen

Zug: Kein Bahnhof an der Strecke. Nächster RadBus-Halt ist 4,5 km entfernt in Biesdorf, St. Josef. RadBus Oberes Sauertal Irrel–Biesdorf (bei Drucklegung kein Transport von Elektrorädern!). Ab Irrel besteht mit den RadBussen Nimstal und Sauertal Anschluss nach Trier. Buchung und weitere Infos ▶ www.radbusse.de

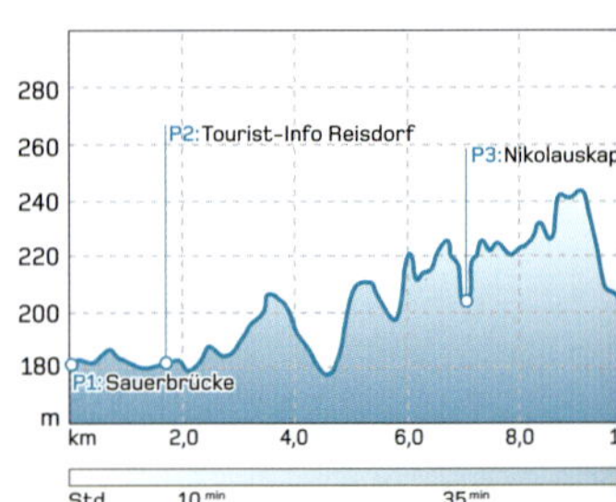

33.8 km | 2h 50min | 850 ↑↓

Geichlingen
Lahr
DEUTSCHLAND
Hofburg Vianden P5
Vianden
CR 322
L1
K2
Obersgegen
L8
Hüttingen
N 17
Our
N 27B
Walsdorf
Roth an der Our
P6 Grenzbrücke Bettel-Roth
Körperich
K2
Ehemaliger Bahnhof Bettel P4
Bettel
Fouhren
L1
Radweg PC3
Niedersgegen
K3
Gentingen
CR 354
K3
K52
Tandel
Longsdorf
Our
K1
N 17
N 10
Ammeldingen
P7 Altes Zollhaus
LUXEMBURG
Radweg PC3
L2
Biesdorf
Hoesdorf
Nikolaus-kapelle P3
Wallendorf
Selz
Bettendorf
N 19
Sauerbrücke P1
P8 Aussichtsturm
Sauer
N 17
Gilsdorf
Möstroff
Reisdorf
P2 Tourist-Info Reisdorf

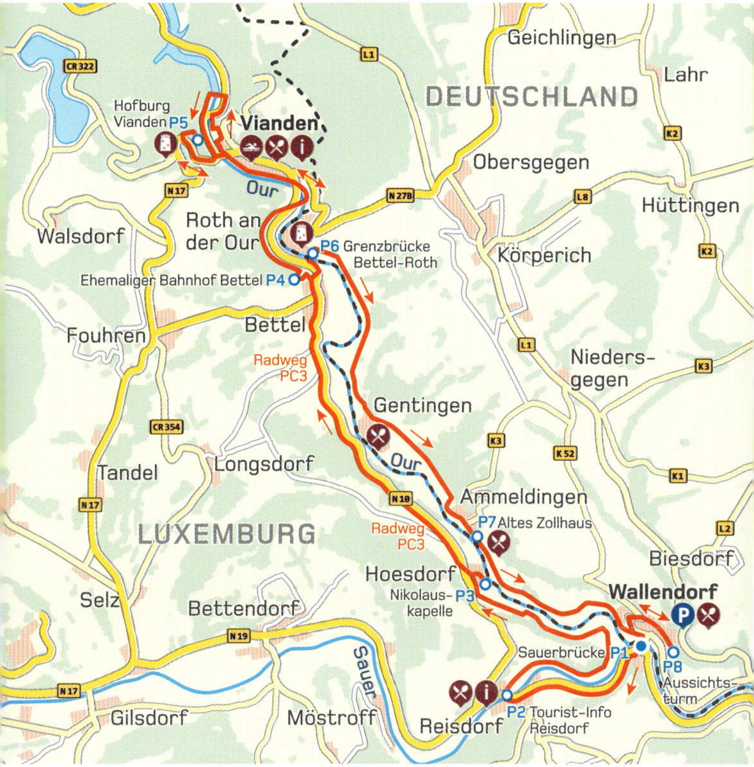

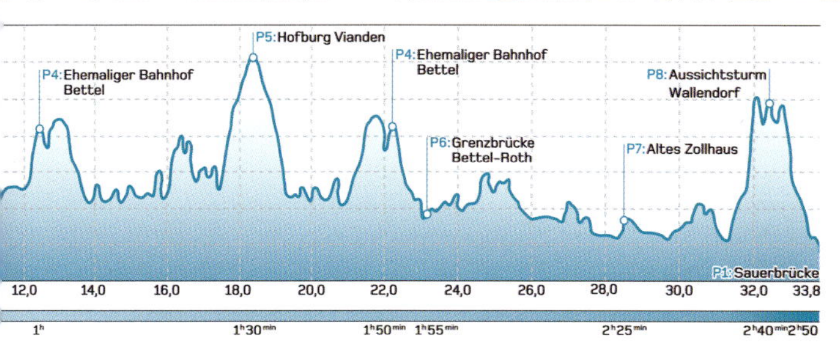

Perle der Ardennen

Die Tour beginnt in Wallendorf, einem Grenzort zu Luxemburg, am Zusammenfluss von Sauer und Our. Für Autofahrer bietet sich der in der Ortsmitte gelegene Parkplatz Zehntscheune als Ausgangspunkt an. Nach Überqueren der Sauerbrücke (P 1) trifft man im luxemburgischen Wallendorf-Pont auf den Radweg PC 3 (Piste cyclable des Trois Rivières). Viele Ortschaften entlang der Grenzflüsse Sauer und Our haben einen Namensvetter auf der anderen Uferseite, in Luxemburg häufig mit dem Zusatz Pont und in Deutschland mit der Endung Brück.

P1
Start

Nach knapp 2 km entlang der Sauer gabelt sich die Strecke in Reisdorf. Geradeaus geht es nach Diekirch und Ettelbrück. Wir bleiben auf dem Radweg PC 3 und biegen nach Vianden ab. Die Route führt nahe der Tourist-Info Reisdorf (P 2) in einer 180-Grad-Kehre über die Sauer. Anschließend fahren wir zunächst flussabwärts, ehe der Radweg über einen Hügel hinweg ins Ourtal wechselt.

P2
2.3 km
10 min

Die hügelige Strecke am Hang des Grenzflusses bietet schöne Blicke ins Tal und auf die gegenüberliegende Uferseite. In Hoesdorf lohnt sich ein Abstecher zur Nikolauskapelle (P 3), die mit ihrem runden Glockenturm das Bild des Ortes prägt. Im Winter 1944-1945 lagen die Ortschaft und das Hoesdorfer Plateau während der Ardennenoffensive im Zentrum der Gefechtslinie von amerikanischen und deutschen Streitkräften.

P3
7.0 km
35 min

Ab Hoesdorf folgt eine Straßenpassage hinab ins Ourtal bis in den Grenzort Bettel. Dort trifft die Tour nach einem kurzen Anstieg beim ehemaligen Bahnhof Bettel (P 4) auf die einstige Trasse der Schmalspurbahn Diekirch-Vianden. Vom Uferhang können wir zu Schloss Roth hinüberschauen. Nach dem Wechsel der Flussseite pedalieren wir entlang der Our nach Vianden, wo der Radweg PC 3 endet. Die zahlreichen Sitzgelegenheiten am Ufer eröffnen Bilderbuchblicke auf die Stadt und die hoch über Vianden thronende Hofburg, die zu den größten erhaltenen Burgen westlich des Rheins zählt.

Vor dem Stadtbummel lohnt sich ein Abstecher zum flussaufwärts gelegenen Stausee. Von der Uferpromenade geht es am Sessellift vorbei den Hang hinauf zum See. Auf der 2015 eingeweihten Ourdall Promenade können Wanderer und Radfahrer an 10 Themenstationen das Ourtal zwischen Vianden und Stolzemburg entdecken. Der Weg ist jedoch meist sehr schmal und wird den vielen Touristen während der Saison nur bedingt gerecht. Deshalb belassen wir es bei dem Blick von der Staumauer auf den aufgestauten See und das Pumpspeicherkraftwerk.

Die Ourdall Promenade führt uns zurück nach Vianden, wo an der Tourist-Info der steile Anstieg durch die Altstadt hinauf zur Hofburg beginnt. Das pittoreske Städtchen Vianden, die Perle der Ardennen, ist ein Besuchermagnet. Wenn möglich, sollte man außerhalb der Saison kommen. Der Weg entlang der Grand Rue hinauf zur Hofburg Vianden (P 5) erinnert an Kopfsteinpflasteranstiege belgischer Frühjahrsradklassiker. Mit einem Pedelec ist die Steigung jedoch gut zu bewältigen.

Die Mühe des Anstiegs ist es allemal wert. Der mustergültig restaurierte Schlosspalast befindet sich im Besitz des Luxemburger Staates und ist täglich für Besucher geöffnet. Das Baudenkmal entstand vor über 1000 Jahren auf den Fundamenten eines römischen Kastells. Hat man die drei aufeinanderfolgenden Tore durchschritten, ist die Kernburg erreicht. Der Schlossbesuch eröffnet unter anderem Einblick in Waffenhalle, Stammbaumzimmer, Herrschaftsküche, zweistöckige Pfalzkapelle und byzantinische Galerie.

Uferhang im Ourtal

Hoesdorf im Blick

Der Kopfsteinpflasteranstieg

P4
22.3 km
1h 50min

Vianden bietet sich zur Einkehr an, ehe wir uns mit frischer Kraft auf den Rückweg begeben. Wir folgen dem Hinweg zum **ehemaligen Bahnhof Bettel (P 4)**, ehe wir den Abhang in den Ort hinunterrollen.

In Bettel verlassen wir den Radweg PC 3 und biegen nach 300 Metern auf der Nationalstraße 10 zur luxemburgisch-deutschen Grenze ab. Wer sich den Anstieg über den Hügelrücken zum ehemaligen Bahnhof sparen will, kann im Ourtal entlang der N 10 abkürzen.

P6
23.1 km
1h 55min

Über die **Grenzbrücke Bettel-Roth (P 6)** gelangen wir zurück nach Deutschland. Ab Roth an der Our müssen wir zwar auf einen Radweg verzichten, dafür ist die Orientierung einfach: immer auf der K 5 im Ourtal nach Süden, einer auch bei Rennradfahrern beliebten Strecke durch Wald, Feld und Wiesen.

In Gentingen lohnt sich ein Abstecher zum Campingplatz Ourtal-Idyll mit dem Gasthof Zur Brennerei. In der eigenen Schnapsbrennerei werden seit Generationen vorzügliche Obst- und Edelbrände aus ungespritztem Obst destilliert, die man in der Gaststätte verkosten kann. Vor Ammeldingen führt die Straße in einer Schleife zur Our, ehe wir nach der Ortschaft das **Alte Zollhaus (P 7)** passieren.

P7
28.5 km
2h 25min

Blick auf Vianden

Stadhous Vianden

Hofburg Vianden

Blick auf Wallendorf vom Aussichtsturm

P8
32.4 km
2h 40min

Anschließend geht es in der welligen Tälerlandschaft zurück nach Wallendorf, wo sich noch ein Abstecher zum Aussichtsturm Wallendorf (P 8) auf dem Hochplateau des Castellbergs anbietet.

Die Spritztour ist wegen des steilen Anstiegs besonders mit Pedelec zu empfehlen. Wer die Mühe auf sich nimmt, wird mit einem herrlichen Blick über die Täler von Sauer und Our belohnt.

Zurück in Wallendorf lässt sich im Landgasthof Am Häffchen die Tour Revue passieren, oder man besucht nach dem Ziel auf der Sauerbrücke (P 1) das auf luxemburgischer Seite gelegene Hotel Dimmer.

Fazit

Ein Geheimtipp im deutsch-luxemburgischen Grenzgebiet. Den Touristen-Hotspot Vianden sollte man möglichst außerhalb der Saison besuchen. Die längere Straßenpassage am Ende der Tour darf nicht stören.

TourTipps

- Tourist-Info Reisdorf, 3 Rue de la Sure, 9390 Reisdorf, Luxemburg, 00352/83/6778, www.visitluxembourg.com
- Tourist-Info Vianden, 1a Rue du Vieux Marche, 9419 Vianden, Luxemburg, 00352/83/4257, www.visit-vianden.lu

- Hotel Dimmer, Grenzwee 2-4, 9392 Wallendorf-Pont, Luxemburg, 00352/83/6220, www.hoteldimmer.com
- Camping de la Sure mit Restaurant & Terrasse, 23 Route de la Sure, 9390 Reisdorf, Luxemburg, 00352/691/849666, www.campingdelasure.lu

P2

- Café Laanscht d'Sauer, 5 Rue de l'Our, 9390 Reisdorf, Luxemburg, 00352/26876101
- Restaurant Auberge Aal Veinen „Beim Hunn“, Rue du Vieux Marché, 9419 Vianden, Luxemburg, 00352/83/4257-1, www.beimhunn.lu

P5

- Hot Stone Chalet, 37 Rue du Sanatorium, 9425 Vianden, Luxemburg, 00352/83/4269, www.chalethotstone.lu
- Boulangerie Au Croissant D'Or, 31 Grand-Rue, 9410 Vianden, Luxemburg, 00352/83/4140
- Hotel-Restaurant Petry, 15 Rue de la Gare, 9420 Vianden, Luxemburg, 00352/834122, www.hotel-petry.com
- Gasthof Zur Brennerei beim Campingplatz Ourtal-Idyll, Uferstraße 17, 54675 Gentingen, 06566/352, www.eifelidyll.de

P7

- Altes Zollhaus, Dorfstraße 6, 54675 Ammeldingen an der Our, 06566/1450, www.alteszollhaus-eifel.de
- Landgasthof Am Häffchen, Ourtalstraße 1, 54675 Wallendorf, 06566/932866, www.amhaeffchen.de

- Freibad Vianden, Rue du Sanatorium, 9425 Vianden, Luxemburg, 00352/83/4532, www.visit-vianden.lu

Tour Download: **BT7X512** (für GPS-Geräte)

Direkt in die App mit scan to go®

06 Nims-Prüm-Runde

Die Tour verknüpft Nims- und Prüm-Radweg zu einer anspruchsvollen Runde. Sie folgt von Irrel bis Rittersdorf dem Nims-Radweg. Eine Verbindung führt zum Stausee Bitburg, ehe die Tour den Prüm-Radweg für die Rückfahrt nutzt.

Start/Ziel: Tourist-Info Irrel, Niederweiser Straße 31, 54666 Irrel

N 49° 50' 49.3" E 6° 27' 26.1"

Anfahrt: E 29/B 257 bis Ausfahrt Irrel, Niederweiser Straße nach Irrel bis zum Kreisverkehr im Zentrum folgen

Parkplatz: Parkplatz Am Döllenberg, 54666 Irrel, auf der Rückseite des Gebäudekomplexes mit der Tourist-Info

Zug: Kein Bahnhof an der Strecke. Irrel ZOB ist Haltestelle mehrerer RadBus Verbindungen (bei Drucklegung kein Transport von Elektrorädern!): RadBus Nimstal Trier–Irrel, RadBus Sauertal Trier–Irrel, RadBus Oberes Sauertal Irrel–Biesdorf und RadBus Enztal Irrel–Neuerburg. Buchung und weitere Infos ▶ www.radbusse.de

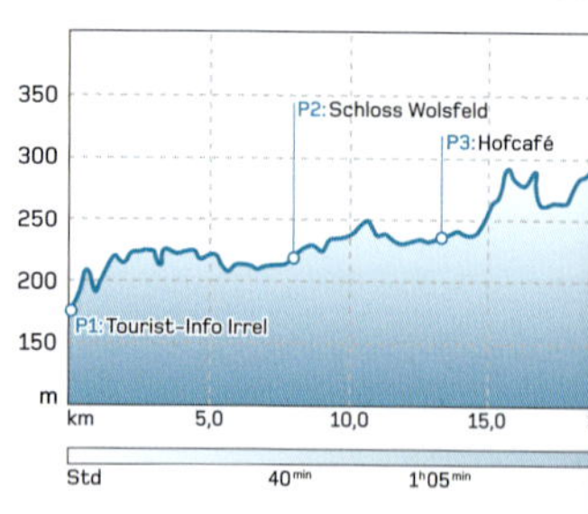

Variante kurz:

58.0 km 4^{h} 50^{min} 1130

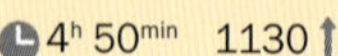

64.8 km | 5h 25min | 1325 | Anspruch

Stausee Bitburg
Biersdorf am See
Schloss Hamm P6
P5 Ferdi´s Bootshaus
Wiersdorf
Hermesdorf
P7 Prümbrücke Hermesdorf
Burg P4 Rittersdorf
Erdorf
Badem
Spangdahlem
Metterich
Wißmannsdorf
Brecht
Prüm
Oberweis
Bitburg
Dudeldorf
Messerich
Kyll
Herforst
Sankt P8 Maximin
Bettingen
P3 Hofcafé
Nims
Nieder-stedem
Speicher
Prüm-Radweg
Nims-Radweg
Eßlingen
Dahlem
Wolsfeld
P2 Schloss Wolsfeld
Peffingen
Preist
Holsthum
Alsdorf
P9 Römische Villa
Prümzurley
Niederweis
Gilzem
Ittel
Rodt
Bollen-dorf
Irreler P10 Wasserfälle
Welschbillig
Tourist-P1 Info Irrel
Eisenach
Dinosaurierpark Teufelsschlucht
Irrel
Kordel
Sauer
L9, L8, L5, L9, B50, B51, B257, A 60, B257, L4, L39, L36, L4, L2, L2, L2, B51, L2, B257, L4, L36, L1, B422

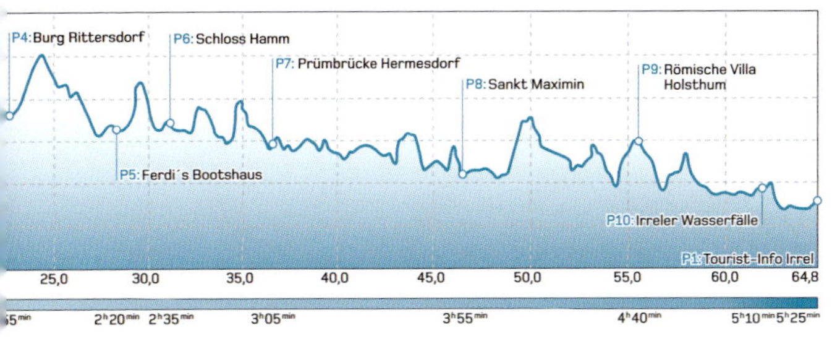

Von Fluss zu Fluss

P1 Start

Los geht unsere Runde in der Neuen Mitte von Irrel an der Tourist-Info (P 1). Am nördlichen Ortsrand überquert der Nims-Radweg mit dem Flüsschen Nims zum ersten Mal die Namensgeberin des Radwegs. In dichtem Laubwald folgt ein herrlicher Streckenabschnitt entlang des Bachlaufs, dabei nutzt die Route teilweise die Trasse der ehemaligen Nims-Sauertalbahn.

P2 7.8 km 40min

Die Tour streift Niederweis und wechselt in der Flussebene am Rand von Alsdorf vorübergehend auf die linke Uferseite. In Wolsfeld passieren wir Schloss Wolsfeld (P 2), daneben wartet die Ortschaft mit der Eifelbrennerei Zender und dem Restaurant Zur Waldmaus auf. Anschließend verlässt der Nims-Radweg vor Messerich die Bahntrasse, die weiter nach Bitburg führt.

P3 13.2 km 1h 05min

In Messerich lohnt sich ein Stopp in dem mit viel Liebe von Inge Steichen geführten Hofcafé (P 3). Im Bitburger Gutland wird die Strecke deutlich hügeliger, und Wälder, Felder und Wiesen prägen die Landschaft. Vor dem idyllisch gelegenen Birtlingen begleitet uns das Plätschern der Nims, ehe sich die Tour eine Nimsschleife spart und steil bergauf, bergab zur Backesmühle verläuft. Auf der schmalen Abfahrt ist speziell bei Nässe Vorsicht geboten.

P4 22.7 km 1h 55min

Am Stadtrand von Bitburg folgen zwei ehemalige Mühlen, bevor wir Rittersdorf erreichen. Dort erwartet uns mit der aus dem 13. Jahrhundert stammenden Wasserburg Rittersdorf (P 4) ein Höhepunkt der Tour. Der 26 Meter hohe Wohnturm überragt das Dorf, und der Palas mit Eckturm und Rittersaal wird als Restaurant genutzt.

An der Wasserburg verlassen wir den Nims-Radweg und strampeln in Richtung Wirsdorf auf die freie Hochfläche des Gutlands. Bei Gegenwind ist der Abschnitt sehr anstrengend.

Für den Anstieg werden wir mit einem herrlichen Fernblick belohnt. In Wiersdorf liegt der Hannenhof mit Schnapsbrennerei und Milchtanke direkt am Weg. Neben tagesfrischer Kuhmilch kann man sich mit weiteren regionalen und saisonalen Produkten versorgen.

Im Prümtal angelangt, treffen wir auf den zweiten Flussradweg unserer Tour und folgen dem Prüm-Radweg zur Staumauer des Stausees Bitburg. Der herrlich gelegene See wurde Anfang der 70er Jahre zum Schutz vor Hochwasser angelegt und hat sich zu einem beliebten Ausflugsziel entwickelt; ein wunderbarer Ort zum Entspannen, aber auch für Freizeitaktivitäten wie Tretbootfahren, Rudern oder Stand-up-Paddling. Das Baden ist im Stausee jedoch nicht erlaubt.

Da sich Fußgänger und Radfahrer den schmalen, nicht asphaltierten Uferweg teilen, ist gegenseitige Rücksichtnahme besonders wichtig. Am Seeufer laden Steinstufen und die Terrasse von Ferdi's Bootshaus (P 5) zur Pause ein. Nun müssen wir uns zwischen Kurz- und Langstrecke entscheiden.

Variante kurz

Während die Kurzstrecke dem Uferweg zurück zur Staumauer folgt, ergänzt die Langstrecke die Tour um eine Schleife zu Schloss Hamm.

Die Langstrecke verlässt bei der Pizzeria Romana den Prüm-Radweg und führt in einem steilen Anstieg am Dorint Sporthotel & Resort Bitburg vorbei. Hoch über dem Stausee geht es weiter nach Hamm. Das abgelegene Dorf wird überragt von dem eindrucksvollen Schloss Hamm (P 6). Die Schlossburg der Grafen von und zu Westerholt und Gysenberg ist eine der größten und besterhaltenen mittelalterlichen Wehranlagen der Eifel. Im Innenhof beeindruckt die von zwei Türmen eingerahmte Fassade des Haupthauses, hinter der sich jedoch teilweise ein Neubau verbirgt.

Von Hamm radeln wir auf der Straße zurück zur Staumauer, wo wir auf den Prüm-Radweg zurückkehren. Der weitere Weg ist von stetem Auf und Ab geprägt und verläuft mal auf der einen, mal auf der anderen Uferseite. Einen ersten Seitenwechsel ermöglicht die Prümbrücke bei Hermesdorf (P 7). Die Tour folgt den Flussschleifen über Wissmannsdorf und Brecht nach Oberweis, wo das Freibad Oberweis im Sommer eine willkommene Gelegenheit zur Abkühlung bietet.

Wasserburg Rittersdorf

Im Bitburger Gutland

Stausee Bitburg

Schloss Hamm

Nach einer herrlichen Passage entlang des Uferhangs lockt das Gasthaus Ambos in Bettingen mit seiner angeschlossenen Metzgerei zur Einkehr. Beeindruckend ist die etwas oberhalb des Radwegs im sogenannten Domviertel gelegene Pfarrkirche Sankt Maximin (P 8), der Bettinger Dom. Anschließend zieht sich der Prüm-Radweg durch Streuobstwiesen mit uralten, knorrigen Apfel-, Birnen- und Pflaumenbäumen.

Das Obst ist nicht nur zum Essen da. Die Schnapsbrennerei hat in der Gegend eine lange Tradition. Mit rund 200 Brennereien zählt die Brennereidichte in der Südeifel zu den höchsten in Mitteleuropa. Neben Obstbränden, Likören und Säften ist der als „Viez“ bekannte, gegorene Apfelwein die Spezialität der Region. So verwundert es nicht, dass in Holsthum mehrere Brennereien ansässig sind, an denen der Radweg zum Teil direkt vorüberführt.

In Holsthum müssen wir uns an der T-Kreuzung beim Landgasthaus Oberbillig entscheiden, ob wir einen Abstecher zur Römischen Villa (P 9) unternehmen wollen. Die Spritztour ist jedoch nicht als Radweg beschildert und wegen des steilen Anstiegs insbesondere mit dem Pedelec zu empfehlen.

Wer die Mühe auf sich nimmt, wird auf einem sanft geneigten Wiesenhang neben den Überresten eines um 100 nach Christus errichteten römischen Gutshofs mit einem fantastischen Blick über das Tal belohnt.

Prüm-Radweg vor Holsthum

Zurück am Landgasthaus Oberbillig bietet sich eine Verpflegungspause an, ehe wir die Uferseite wechseln und der Radweg am Schloss Holsthum vorbeiführt.

Doch Holsthum hat noch mehr zu bieten. Der Ort ist aus der Fernsehwerbung als Heimat des Bitburger Siegelhopfens bekannt. Der Hopfen, das grüne Gold, wird in Holsthum exklusiv für die Bitburger Brauerei von Andreas Dick angebaut.

Der Prüm-Radweg verläuft an dessen Hof und Hopfengärten vorbei. Der Hopfen verblüfft mit seinem unglaublichen Wachstum. Aus den Pflanzungen Mitte April entwickeln sich in drei Monaten sechs bis acht Meter hohe Pflanzen.

Im ebenen Tal folgt Prümzurlay, ehe wir uns den Abstecher zu den Irreler Wasserfällen (P 10) nicht entgehen lassen dürfen. Es handelt sich um einen der romantischsten und malerischsten Orte der Eifel. Nachdem wir die letzten Meter zu Fuß zurückgelegt haben, bietet sich von einer überdachten Holzbrücke ein wunderbarer Blick auf die Stromschnellen. Besonders eindrucksvoll ist das Naturphänomen bei hohem Wasserstand. Das Wasser der Prüm bahnt sich seinen Weg durch riesige Steinblöcke, die zum Herumklettern und Sonnenbaden einladen.

P10
62.2 km
5h 10min

Auf dem Rest der Strecke können wir es ganz gemütlich ausrollen lassen. Irrel wartet mit einer Vielzahl an Gasthäusern und Cafés auf, ehe sich der Kreis unserer Zwei-Flüsse-Tour an

Streuobstwiesen am Wegrand

Bitburger Siegelhopfen

Abstecher zu den Wasserfällen

Irreler Wasserfälle

P1/Ziel
64.8 km
5h 25min

der **Tourist-Info Irrel (P 1)** schließt. Am Kreisverkehr wirbt ein lebensechter Dinosaurier für den Dinosaurierpark Teufelsschlucht und bietet ein adrettes Fotomotiv. Der Dinosaurierpark und die Teufelsschlucht sind neben den Irreler Wasserfällen weitere Highlights der näheren Umgebung und lohnen einen Besuch.

Dino zum Anfassen

Fazit

Eine Entdeckungsreise mit wunderbaren Natur-, Kultur- und Genusserlebnissen wie den Irreler Wasserfällen, dem Stausee Bitburg, Hopfenfeldern, Burgen und einer römischen Villa. Die hügelige Landschaft ist prädestiniert für ein Pedelec. Die Tour verdient schönes Wetter.

TourTipps

- Tourist-Info Irrel, Niederweiser Straße 31, 54666 Irrel, 06525/933930, www.felsenland-suedeifel.de

- Restaurant Zur Waldmaus, Europastraße 53, 54636 Wolsfeld, 06568/327, www.restaurant-pension-waldmaus.de
- P3 Das Hofcafé, Hauptstraße 16, 54636 Messerich, 06568/966450
- P4 Restaurant Herrmann's auf Burg Rittersdorf, Bitburger Straße 30, 54636 Rittersdorf, 06561/96570, www.burgrittersdorf.de
- P5 Ferdi's Bootshaus, Am Stausee Bitburg, 54636 Biersdorf am See, 06569/963959, www.afunti.de
- Pizzeria Romana „Haus am See", Zur Rotlay 14, 54636 Biersdorf am See, 06569/373
- Köhler-Stuben, In der Klaus 17, 54636 Oberweis, 06527/92920, www.pruemtal.de
- P8 Gasthaus Ambros, Maximinstraße 18, 54646 Bettingen, 06527/483 und 0160/1598796, www.ambros-online.de
- P9 Landgasthaus Oberbillig, Wolsfelder Straße 11, 54668 Holsthum, 06523/404, www.landgasthaus-oberbillig.de
- Gasthof Zur Brücke, Wolsfelder Straße 1, 54668 Holsthum, 06523/1433, www.zur-brücke.com
- Wagner's Grillstube & Südeifelbrennerei, Hauptstraße 63, 54666 Irrel, 06525/864, www.wagners-grillstube.de
- Hotel Koch-Schilt, Prümzurlayer Straße 1, 54666 Irrel, 06525/9250, www.koch-schilt.de

- Freibad Oberweis, Prümtal-Camping, In der Klaus 17, 54636 Oberweis, 06527/92920, www.pruemtal.de

Tour Download: **BT7X611** (für GPS-Geräte)

Direkt in die App mit scan to go®

07 Sauer-Radweg

Eine klassische Flussradwegtour. Von Wasserbilligerbrück geht es auf der luxemburgischen Uferseite bis Echternach. Dort bietet sich ein Abstecher zum Echternacher See an, ehe der Sauer-Radweg auf deutscher Seite zum Start zurückführt.

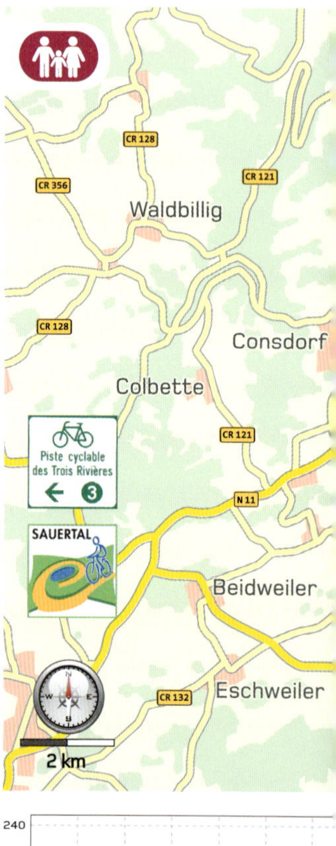

Start/Ziel: Dt.-Luxemburgische Tourist-Info, Moselstraße 1, 54308 Langsur-Wasserbilligerbrück

N 49° 42' 50.7'' E 6° 30' 25.9''

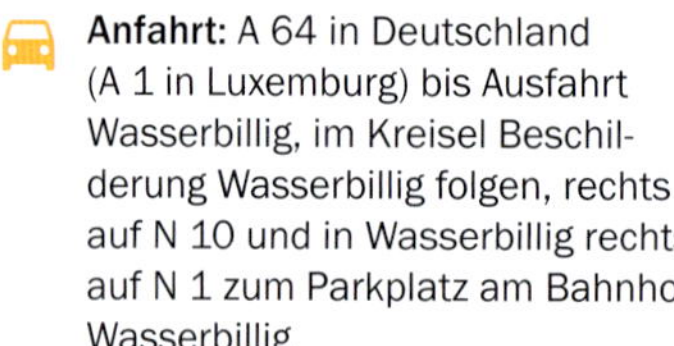

Anfahrt: A 64 in Deutschland (A 1 in Luxemburg) bis Ausfahrt Wasserbillig, im Kreisel Beschilderung Wasserbillig folgen, rechts auf N 10 und in Wasserbillig rechts auf N 1 zum Parkplatz am Bahnhof Wasserbillig

Parkplatz: am Bahnhof Wasserbillig

Zug: Bahnhof Wasserbillig, 2 Grand-Rue, 6630 Wasserbillig, Luxemburg, ca. 600 Meter zum Start. RadBus Sauertal Trier–Irrel (bei Drucklegung kein Transport von Elektrorädern!) mit Halt in Minden, Ort und Ralingen, Kirche. Buchung und weitere Infos ▶ www.radbusse.de

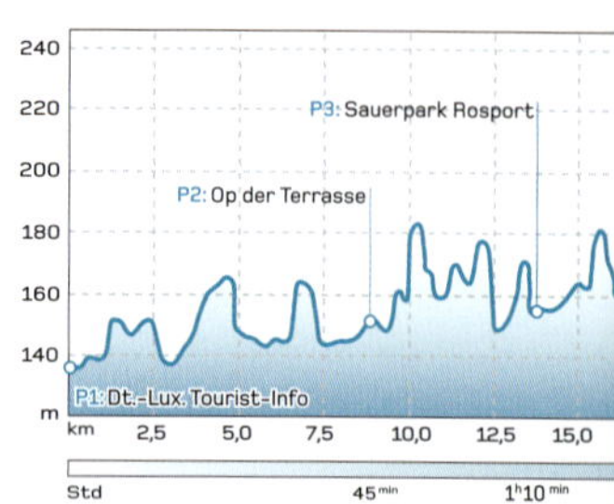

54.8 km | 4h 35min | 695 | Anspruch

Berdorf
N 10
CR 364
Echternach
Echter-
nacher-
brück
Prüm
Minden
B 418
N 10
Goden-
dorf
Ralinger
Tunnel
Sauer
Radweg
Olk
St.-Willibrordus-Basilika P6
P4
Stadtpark
Echternach
Stein-
heim
P7
B 418
Sauerpark Rosport P3
Ralingen
P5
Echternacher
See
Rosport
Sauer
Echter-
nacher
See
CR 141
Radweg
PC3
Wintersdorf
P8 Zum Sauertal
CR 132
Osweiler
Dickweiler
CR 118
Girst
DEUTSCH-
LAND
N 11
LUXEMBURG
Op der Terrasse P2
P9 Schluchtwald
Mompach
Born
Trierweiler
Metzdorf
Bech
CR 138
Herborn
L 43
Moersdorf
B 418
CR 132
A 64
CR 135
N 10
CR 139
Berburg
Mesenich
Langsur
P10 Johannishof
CR 137
Lallig
Aquarium Wasserbillig
P1 Dt.-Lux. Tourist-Info
N 14
Wasserbillig
Igel
Manternach
N 10
A 1
Ober-
billig
Wasser-
liesch
Mosel
Biwer
Mertert

P4: Stadtpark Echternach
P5: Echternacher See
P6: St.-Willibrordus-Basilika
P7: Ralinger Tunnel
P8: Zum Sauertal
P9: Schluchtwald
P10: Johannishof
P1: Dt.-Lux. Tourist-Info
20,0
22,5
25,0
27,5
30,0
32,5
35,0
37,5
40,0
42,5
45,0
47,5
50,0
52,5
54,8
1h50min
2h
2h25min
3h
3h30min
3h50min
4h15min
4h35min

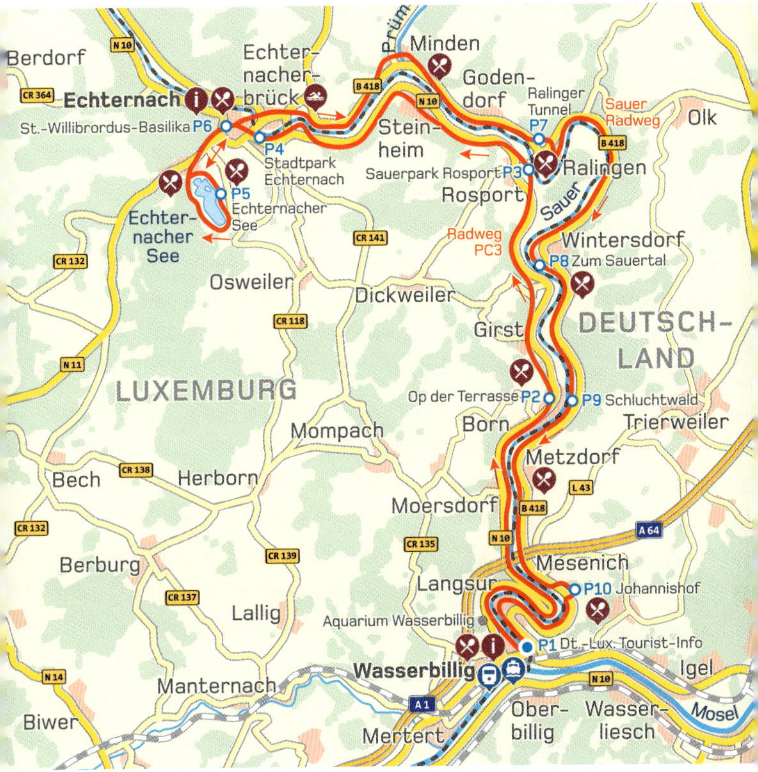

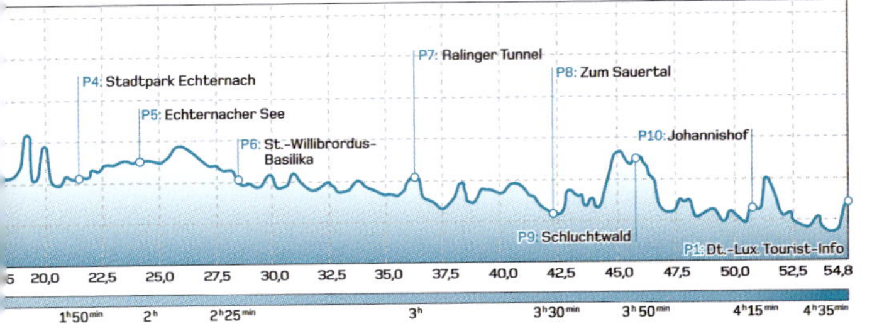

Sauer macht Freude

P1
Start

Die Strecke beginnt an der Deutsch-Luxemburgischen Tourist-Info (P 1) in Wasserbilligerbrück unweit des Zusammenflusses von Sauer und Mosel. Auf der Sauerbrücke überqueren wir die unsichtbare Grenze, die das deutsche Wasserbilligerbrück und Wasserbillig in Luxemburg trennt.

Die Besichtigung von Wasserbillig verschieben wir auf das Ende der Tour und folgen am Brückenende dem Radweg PC 3 (Piste cyclable des Trois Rivières) bzw. der VeloRoute SaarLorLux entlang der Sauer zum Stadtrand.

Nach dem Aquarium Wasserbillig geht es entlang zweier Flussschleifen auf die mächtige Autobahnbrücke zu, die das Tal überspannt. In Moersdorf bietet ein Rastplatz am Ufer der Sauer eine erste Gelegenheit für ein Päuschen.

P2
8.6 km
45 min

Wer lieber einkehrt, fährt weiter in das Dorf Born mit der herrlich gelegenen Gaststätte Op der Terrasse (P 2) am Camping um Salzwaasser. Der Name weist darauf hin, dass im 16. Jahrhundert in Born Salz abgebaut wurde. Vor der Weiterfahrt lohnt sich ein Blick zum nahen Barockschloss.

P3
13.8 km
1 h 10 min

Früher verliefen Bahngleise auf beiden Uferseiten der Sauer. In Luxemburg gab es auf der Strecke Ettelbruck-Wasserbillig die Prinz-Heinrich-Bahn. Der Radweg PC 3 verläuft zum Teil auf der ehemaligen Bahntrasse. Vor Rosport kürzt die Route eine Flussschleife ab, ehe sich der Sauerpark Rosport (P 3) mit schöner Promenade, Abenteuerspielplatz, öffentlichen Toiletten und vielen Sitzgelegenheiten für ein Päuschen anbietet.

Rosport ist Luxemburgs „Sprudelort“. Am Ortsende führt die Route am Mineralwasserproduzenten Sources Rosport vorüber. Das Pferdelogo mit Reiter auf den Flaschen der Firma ist in ganz Luxemburg bekannt.

P4
21.5 km
1 h 50 min

Im Tal der Sauer geht es weiter über Steinheim nach Echternach. Die älteste Stadt Luxemburgs empfängt uns mit dem am Ufer der Sauer gelegenen Stadtpark (P 4). Wir verlassen den Radweg PC 3 an der alten Sauerbrücke und fahren auf der Rue du Pont in die Innenstadt. Im Stadtzentrum befindet sich der historische Marktplatz mit der Urteilssäule, dem ehemaligen Gerichtshof und einer Vielzahl einladender Restaurants, Brasserien und Cafés.

Echternach ist durch die alljährlich zu Pfingsten stattfindende Springprozession bekannt, an der Pilger, lose durch Tücher verbunden, durch die Altstadt springen. Die Prozession wurde 2010 zum UNESCO-Weltkulturerbe erklärt.

P5 24.2 km 2h

Ein lohnenswerter Abstecher führt vom Marktplatz, der Route de Luxemburg und dem Radweg entlang des Bächleins Lauterburerbaac folgend, zu dem Mitte der 1970er-Jahre angelegten Echternacher See (P 5). Unsere Seerunde beginnt an der römischen Villa aus dem 1.-5. Jahrhundert, dem Ursprung der heutigen Stadt Echternach.

Ein Museum informiert über das tägliche Leben der Römer in der luxuriösen Villa. Das beliebte Park- und Freizeitgelände am See mit Bootsverleih, Kinderspielplätzen und Badezone bietet vorzügliche Einkehrgelegenheiten wie das Restaurant Lakeside, den Inselkiosk „De grenge Schapp“ und das Restaurant Melting Pot der Jugendherberge Echternach.

P6 28.1 km 2h 25min

Zurück am Marktplatz erwartet uns mit der imposanten St.-Willibrordus-Basilika (P 6) ein weiteres Highlight. Um 700 erbaut, wurde die Basilika 1944 von deutschen Truppen zerstört und in den 1950er-Jahren im romanischen Stil rekonstruiert und wieder aufgebaut. In der Krypta befindet sich das Grab des Heiligen Willibrord.

Das Abteimuseum bietet Einblick in das Echternacher Skriptorium und zeigt Handschriften aus dem Mittelalter. Ein 1,3 km langer Kulturrundweg verbindet mit Basilika, Abtei, Rokoko-Pavillon, Orangerie sowie der Sankt Peter und Paul Kirche fünf besonders sehenswerte Stationen der Stadt.

Von Echternach gelangen wir über die alte Sauerbrücke nach Echternacherbrück und folgen, zurück in Deutschland, dem Sauer-Radweg. Im Sommer lockt das örtliche Freibad zum Sprung ins kühle Nass. Anschließend geht es weiter nach Min-

Marktplatz Echternach

St.-Willibrordus-Basilika

den, wo unweit der Route die Prüm in die Sauer mündet. Mit dem Hotel an der Sauer und dem Minden Beach liegen zwei attraktive Einkehrmöglichkeiten direkt am Radweg. Anschließend nutzt die Tour von Minden bis Mesenich die Trasse der ehemaligen Nims-Sauertal-Bahn und garantiert Radelvergnügen abseits des Verkehrs. Der Bahntrassenradweg bietet mit der Fahrt durch den Ralinger Tunnel (P 7) einen besonderen Höhepunkt.

P7
36.4 km
3h

Die Strecke folgt nach Ralingen einer weiten Flussschleife durch die herrliche Naturlandschaft, ehe in Wintersdorf die beiden Gasthöfe Klimmes und Zum Sauertal (P 8) zur Einkehr locken.

P8
42.2 km
3h 30min

Am steilen Uferhang der Sauer folgt mit der Fahrt durch den Schluchtwald (P 9) ein weiteres Highlight. Der Sauer-Radweg verläuft teilweise auf Stelzen, um das Feuchtgebiet mit seinen seltenen Pflanzen zu schützen.

Nach dem Schluchtwald beginnt der Weinbau an den Uferhängen der Sauer. Wir fahren durch Metzdorf, wo sich ein Abstecher zum Gasthaus Alter Bahnhof lohnt, ehe vor Mesenich die Autobahn A 64 auf einer gewaltigen Brücke das Tal der Sauer überquert.

Auf der ehemaligen Bahntrasse

Fahrt mit Blick auf die Sauer

Entspanntes radeln

Minden Beach

Auf dem Sauer-Radweg

Im Schluchtwald

In Mesenich kommen wir an alten Winzerhöfen und Weinstuben vorbei. In der Region wird mit dem Elbling eine Rebsorte angebaut, die noch aus der Römerzeit stammt.

P10
50.7 km
4h 15min

Das Wein-Café im Johannishof (P 10) bietet die Gelegenheit zur Verpflegungspause und zum Verkosten des Elblings, bevor der Radweg entlang zweier Sauerbögen das idyllische Weindorf Langsur erreicht.

P1/Ziel
54.8 km
4h 35min

Nun ist gemütliches Ausradeln angesagt. Bis zum Ziel, der Deutsch-Luxemburgischen Tourist-Info (P 1) in Wasserbilligerbrück ist es nicht mehr weit. Zum Abschluss lohnt es sich, nicht nur wegen der günstigen Preise für Kaffee, Zigaretten und Kraftstoff, noch einmal über die Grenzbrücke nach Wasserbillig zu fahren.

Dort können wir die Tour gemütlich in einem der Gasthäuser an der Moselpromenade oder in der Innenstadt ausklingen lassen und Letzebuerger Kniddelen probieren. Das sind kleine Mehlknödel, die meist in Speck angebraten und mit Sahne oder Apfelmus serviert werden. Ein Gedicht!

Fazit

Ein herrlicher Fluss- und Bahntrassenradweg im deutsch-luxemburgischen Grenzgebiet. Die Tour lädt zum Verweilen, Schauen, Träumen und Genießen ein. Bei Badewetter das Strandtuch und Schwimmsachen mitnehmen.

TourTipps

- Deutsch-Luxemburgische Tourist-Info, Moselstraße 1, 54308 Langsur-Wasserbilligerbrück, 06501/602666, www.lux-trier.info
- Tourist-Info Echternach, 9-10 Parvis de la Basilique, 6486 Echternach, Luxemburg, 00352/720230, www.visitechternach.lu

- Café am Anker, 17 Esplanade de la Moselle, 6637 Wasserbillig, Luxemburg, 00352/27992741
- Café Queens, 5 Rue des Bateliers, 6612 Wasserbillig, Luxemburg, 00352/691130038
- P2 Op der Terrasse, 9 Campingswee, 6660 Born, Luxemburg, 00352/26743244, www.opderterrasse-born.lu
- Café-Brasserie Beim Laange Veit, 39 Place du Marché, 6460 Echternach, Luxemburg, 00352/720081
- Restaurant Aal Eechternoach, 38 Place du Marché, 6460 Echternach, Luxemburg, 00352/26720860, www.aaleechternoach.lu
- Hostellerie de la Basilique, 7-8 Place du Marché, 6460 Echternach, Luxemburg, 00352/7294831, www.hotel-basilique.lu
- P5 Melting Pot, Restaurant in der JUHE Echternach, Chemin vers Rodenhof, 6487 Echternach, Luxemburg, 00352/262766400, www.youthhostels.lu
- De Grénge Schapp, Kiosk & SUP Station, Kannerinsel, 6479 Echternach, Luxemburg, 00352/621526241, www.degrengeschapp.com
- Lakeside, Lac d'Echternach, 6478 Echternach, Luxemburg, 00352/26721003, www.lakeside.lu
- Hotel an der Sauer, Edinger Straße 12, 54310 Minden, 06525/275
- Minden Beach, Edinger Straße 1, 54310 Minden, 00352/621134814, www.mindenbeach.metro.ba
- Klimmes, Im Sauertal 12, 54310 Wintersdorf, 06585/1333, www.klimmes.de
- P8 Zum Sauertal, Im Sauertal 20, 54310 Wintersdorf, 06585/703
- Gasthaus Alter Bahnhof, Uferstraße 41, 54308 Metzdorf, 06501/9456776, www.alterbahnhofmetzdorf.de
- P10 Johannishof, Trierer Straße 24, 54308 Mesenich, 06501/923390, www.johannishof.eu

- Freibad Echternacherbrück, Mindener Str. 18, 54668 Echternacherbrück, 06525/340, www.echternacherbrueck.de
- Echternacher See, ab 2021 oder 2022

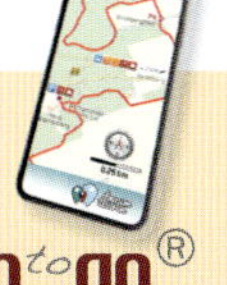

Tour Download: **BT7X71X** (für GPS-Geräte)

Direkt in die App mit scan to go®

08 Kyll-Radweg

Die Streckentour beginnt am Bahnhof Bitburg-Erdorf und folgt dem Flusslauf der Kyll bis zu ihrer Mündung in die Mosel. Während die Kurzstrecke am Bahnhof Ehrang endet, führt die Langstrecke bis Trier. Die Rückfahrt erfolgt mit dem Zug.

Start: Bahnhof Bitburg-Erdorf, Mainzer Straße 12, 54634 Bitburg

N 49° 59' 55.7" E 6° 34' 16.5"

Anfahrt: A 60 bis Ausfahrt 7 Badem, B 257 Richtung Badem folgen, in Erdorf die B 257 verlassen und geradeaus auf der Mainzer Straße zum Bahnhof Bitburg-Erdorf fahren

Parkplatz: ▶ Start

Zug: Eifelstrecke Köln-Trier bis Bahnhof Bitburg-Erdorf

Variante kurz:

38.9 km  3h 15min 790 ↑ ↓ 890

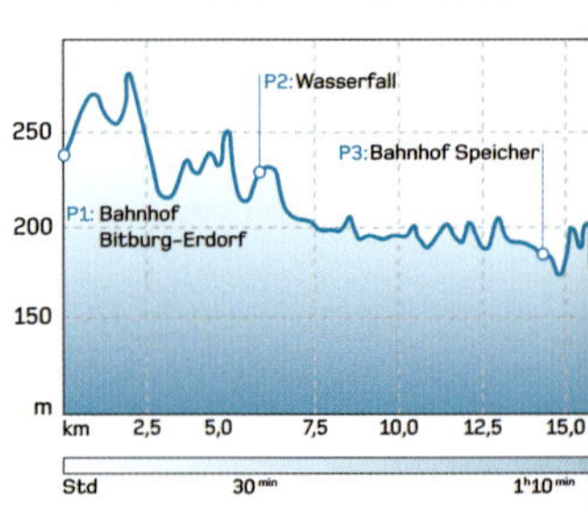

54.2 km | 4h 30min | 845 ↑ | 950 ↓ | Anspruch

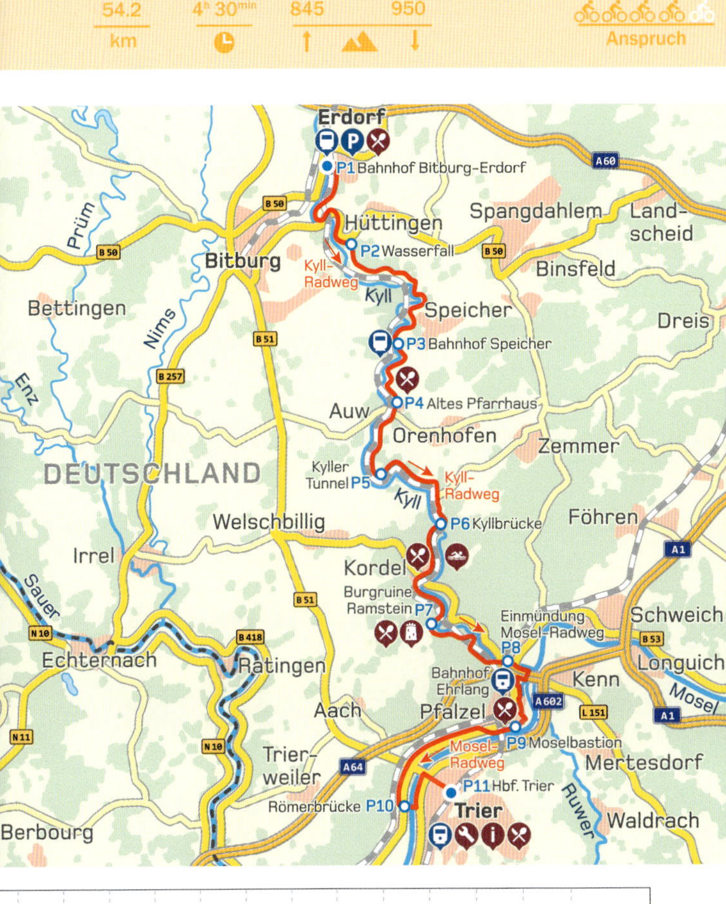

P4: Altes Pfarrhaus
P5: Kyller Tunnel
P6: Kyllbrücke
P7: Burgruine Ramstein
P8: Einmündung Mosel-Radweg
P9: Moselbastion
P10: Römerbrücke
P11: Hauptbahnhof Trier

20,0 | 22,0 | 25,0 | 27,5 | 30,0 | 32,5 | 35,0 | 37,5 | 40,0 | 42,5 | 45,5 | 47,5 | 50,5 | 54,2

5min | 1h50min | 2h10min | 2h45min | 3h15min | 3h40min | 4h15min | 4h30min

Burg und Tal

Der Kyll-Radweg begleitet den Flusslauf der Kyll von seinem Quellgebiet in Nähe der deutsch-belgischen Grenze bis zur Mündung in die Mosel und weiter nach Trier. Unsere Tour beschränkt sich auf den südlichen Teil des Kyll-Radwegs mit Start am Bahnhof Bitburg-Erdorf (P 1). Die Route zieht sich zunächst in stetem Auf und Ab entlang des steilen Uferhangs der Kyll. Dabei weist eine Streckenpassage ein Gefälle von 25 Prozent auf.

P1
Start

Im Straßendorf Hüttingen lohnt sich ein Stopp im Ortszentrum. Aufgepasst: Den knapp 5 Meter hohen Wasserfall (P 2) direkt neben der Dorfkirche übersieht man beim raschen Vorbeiradeln leicht. Das dort in einen Trog ausgeleitete Wasser des Katzengrabens soll trinkbar sein. Weiter geht es entlang der Eifelbahn Köln–Trier nach Philippsheim.

P2
5.7 km
30 min

Der Radweg führt nach der Burgruine Pfalzkyll unmittelbar am naturbelassenen Bachlauf der Kyll entlang, und wir können mit etwas Glück sogar einen Blick auf einen Eisvogel erhaschen. Bei Nässe muss man auf einigen schmalen, unbefestigten Wegpassagen aufpassen.

Der Bahnhof Speicher (P 3) unterbricht das Naturidyll vorübergehend, ehe sich die „Crossstrecke“ am Fluss fortsetzt. Die Fahrt durch den Auenwald entlang der dahinplätschernden Kyll zählt zu den Höhepunkten der Tour.

P3
14.4 km
1 h 10 min

Crossstrecke

An der Kyll entlang

Altes Pfarrhaus in Auw

P4
18.5 km
1h 35min

In der nächsten Talerweiterung liegt Auw an der Kyll, wo das Alte Pfarrhaus (P 4) mit einem herrlichen Biergarten zur Einkehr einlädt. Neben dem Pfarrhaus prägt die Wallfahrtskirche Mariä Himmelfahrt das Bild des Ortes und lohnt einen Besuch. Die Sehenswürdigkeit der Kirche ist der linke Seitenaltar mit dem Gnadenbild der Muttergottes. Die erste Erwähnung der Kirche stammt aus dem Jahr 1330. Das heutige Gotteshaus wurde 1746 eingeweiht und zählt zu den schönsten Kirchen der Südeifel.

P5
21.8 km
1h 50min

Nach Auw zieht sich die Tour neben der Bahnstrecke durch das schmal eingeschnittene Kylltal. Leider trennt die Bahntrasse den Radweg vom Fluss, sonst wäre der Streckenverlauf noch eindrucksvoller. Im einsamen Tal bietet sich vor dem 138 Meter langen Kyller Tunnel (P 5) ein schöner Blick auf das Dorf Kyll auf der gegenüberliegenden Uferseite. Die Tunneldurchfahrt ist ein Erlebnis, ehe sich die Strecke entlang des Bahndamms nach Daufenbach fortsetzt.

Das Uferidyll

Burgruine Ramstein

Verpflegungspause in Auw

Nach der Ortschaft verläuft die Route zunächst direkt neben der L 43, ehe der Radweg zur Deimlinger Mühle abbiegt und auf einer **Brücke** über die **Kyll (P 6)** führt, übrigens die einzige Kyllquerung der gesamten Tour. Weiter geht es durch ein ausgedehntes Waldgebiet entlang des Uferhangs der Kyll nach Kordel. Der Erholungsort liegt, umgeben von dichten Wäldern, idyllisch in einem engen Kessel. Mit mehreren direkt am Radweg gelegenen Gasthäusern bietet sich Kordel für eine Einkehrpause an.

P6
26.3 km
2h 10min

Anschließend führt die Strecke durch die weiten Wiesen der Talaue zum nächsten Highlight der Tour. Auf einem mächtigen Sandsteinfelsen erhebt sich am Rand des Meulenwaldes das Wahrzeichen des Unteren Kylltals, die **Burgruine Ramstein (P 7)**. Die zu Beginn des 14. Jahrhunderts vom Trierer Erzbischof errichtete Burg wurde 1689 von französischen Soldaten gesprengt. Der viergeschossige, hoch aufragende Turm mit Überresten von Kaminen, Treppen und Sitznischen

Moselbastion Pfalzel

ist ein echter Hingucker. Der Abstecher durch den Laubwald hinauf zur Burgruine lohnt sich! Mit dem Hotel Restaurant Burg Ramstein bietet sich am Fuß der Ruine eine herrlich gelegene Einkehrgelegenheit.

Leider war der folgende Streckenabschnitt des Kyll-Radwegs durch das eng eingeschnittene Tal vorbei am Wasserkraftwerk Kylltal bei unserer letzten Tour wegen Bauarbeiten am Eisenbahntunnel Kuckuckslay gesperrt. Es bestehen allerdings mehrere Optionen zur Umfahrung. Wenn der Radweg frei ist, zählt diese Passage durch die malerische Auenlandschaft mit Blick auf die roten Buntsandsteinfelsen zu den attraktivsten und malerischsten Streckenabschnitten. Nun müssen wir uns zwischen Kurz- und Langstrecke entscheiden.

Variante kurz

Auf der Kurzstrecke biegen wir am Ortsrand von Ehrang zum Bahnhof Ehrang ab und kehren von dort mit dem Zug zum Ausgangspunkt zurück.

P8 38.6 km 3h 15min

Auf der Langstrecke trifft der Kyll-Radweg in Ehrang auf den Mosel-Radweg (P 8) und begleitet diesen bis Trier. Unter der Brücke Ehrang können wir in einer 180-Grad-Kehre den Blick auf die Moselinsel Hahnenwehr genießen, ehe wir den Hafen Trier umfahren.

P9 43.7 km 3h 40min

In Pfalzel kehrt der Radweg an die Mosel zurück und führt direkt an der mächtigen Moselbastion (P 9), einem Teil der Wallmauer des Ortes, vorbei. An der Bastion zeigen mehrere Hochwassermarken, wie hoch der Fluss in der Vergangenheit über das Ufer getreten ist. In Pfalzel lohnt sich ein Abstecher vom Radweg durch den Ortskern. Die Spritztour bietet mit der ehemaligen Stiftskirche, dem ältesten bewohnten römischen Steinhaus Deutschlands (dem Küsterhaus) und den Resten der einstigen erzbischöflichen Burg eine Vielzahl sehenswerter Kleinode. Für das leibliche Wohl wird in der Klosterschenke vorzüglich gesorgt.

Nach Pfalzel zieht sich die Strecke entlang des Moselufers nach Trier und bietet zwischen den Stadtteilen Biewer und Pallien spektakuläre Blicke auf die schroffen, rund 40 Meter

Blick auf Pfalzel

An der Mosel entlang

Hauptmarkt Trier

Trierer Dom

P10
51.1 km
4h 15min

hohen, roten Sandsteinfelsen des Moselhangs. Nach der herrlichen Fahrt entlang des linken Moselufers überquert der Kyll-Radweg die Römerbrücke (P 10) und endet am Übergang zur Altstadt. Am besten folgen wir nun dem Mosel-Radweg vorbei an den alten Moselkränen zum Zurlauber Ufer mit Schiffsanlegestelle und vielen netten Einkehrgelegenheiten.

Entlang der Lindenstraße und Nordallee geht es weiter zur Porta Nigra. Das Wahrzeichen der Stadt ist eindrucksvolles Zeugnis der Blütezeit Triers als Zentrum des weströmischen Reiches im 4. Jahrhundert nach Christus. Von dem römischen Stadttor bietet sich ein Stadtbummel durch die Altstadt an. Mit Dom, Liebfrauenkirche, Konstantin-Basilika, Kurfürstlichem Palais, Amphitheater und Thermen gibt es viel zu sehen und zu entdecken.

P11/Ziel
54.2 km
4h 30min

Die Tour endet am Hauptbahnhof Trier (P 11), wo wir mit dem Zug auf der Eifelstrecke Trier–Köln zum Bahnhof Bitburg-Erdorf zurückfahren können.

Fazit

Eine Traumtour mit herrlichen Natur-, Kultur- und Genusserlebnissen. Dank der parallel zum Kyll-Radweg verlaufenden Bahnlinie ist die Streckenlänge flexibel. Aufgrund einiger unbefestigter Streckenabschnitte fährt man die Route besser bei trockenem Wetter.

Tour Tipps

- Tourist-Info Trier, Simeonstraße 55, An der Porta Nigra, 54290 Trier, 0651/978080, www.trier-info.de

- Gaststätte Am Bahnhof „Bei Uschi", Mainzer Straße 12, 54634 Bitburg-Erdorf, 0171/2831862
- P1 Gasthaus Turmann, Mainzer Straße 21, 54634 Bitburg-Erdorf, 06561/3950, www.gasthaus-turmann.de
- P4 Altes Pfarrhaus, Marienstraße 16, 54664 Auw an der Kyll, 06562/9654090, www.pfarrhaus-auw.de
- Gasthaus-Pension Reichert, Hauptstraße 19-20, 54306 Kordel, 06505/1757
- Pizzeria Eiscafé Aroma, Kreuzfeld 5, 54306 Kordel, 06505/3549927, www.aroma-kordel.de
- Hotel-Restaurant Neyses am Park, Kreuzfeld 1, 54306 Kordel, 06505/91400, www.hotelneyses.de
- P7 Hotel Restaurant Burg Ramstein, Burg Ramstein 1, 54306 Kordel, 06505/1735, www.burgramstein.de
- P9 Hotel Klosterschenke, Klosterstraße 10, 54293 Trier-Pfalzel, 0651/968440, www.hotel-klosterschenke.de
- Herrlich Ehrlich, Aachener Straße 63, 54294 Trier, 0160/3834520, www.herrlichehrlich-trier.de
- Gasthaus Mosellied, Zurlaubener Ufer 86, 54292 Trier, 0651/26588, www.gasthaus-mosellied.eu
- Wirtshaus Alt Zalawen, Zurlaubener Ufer 79, 54292 Trier, 0651/28645, www.altzalawen.de

- Velopoint Trier, Aachener Straße 55, 54294 Trier, 0651/4631760, www.velopoint-trier.de
- Henn Zweiräder-Trier, Viehmarktplatz 17, 54290 Trier, 0651/73382, www.henn-zweiraeder.de
- Fahrrad Heidemann, Saarstraße 9, 54290 Trier, 0651/9945227, www.fahrrad-heidemann.de

- Kylltalbad Kordel, Kylltalbad 1, 54306 Kordel, 06505/1308, www.trier-land.de

Tour Download: **BT7X8X9** (für GPS-Geräte)

Direkt in die App mit scan to go®

Die Obermosel liegt im Westen von Rheinland-Pfalz vor den Toren Triers, mitten im deutsch-französisch-luxemburgischen Dreiländereck. Neben Zeugnissen aus 2000 Jahren Geschichte prägen der Weinbau und das südländische Flair die malerische Landschaft. Zum Radeln geht es entspannt am Fluss entlang oder sportlich die Uferhänge hinauf.

09 Salm-Mosel-Radweg

Die Tour verbindet den Radweg Wittlicher Senke mit dem Salm- und Mosel-Radweg. Von Schweich zieht sich die Tour über eine Hochfläche hinweg ins Salmtal, ehe die Radrunde ab Klüsserath die Mosel zurück nach Schweich begleitet.

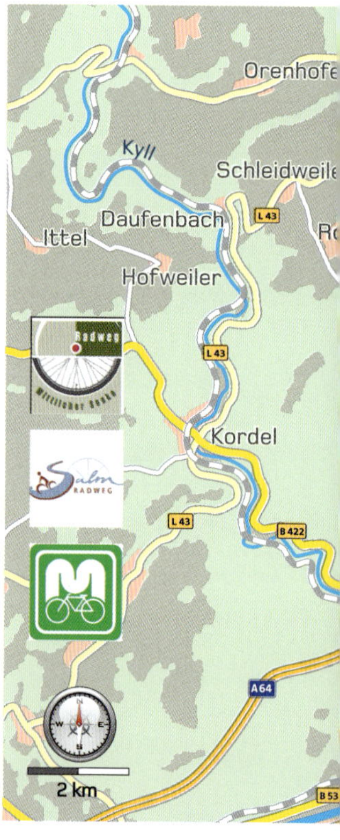

Start/Ziel: Zum Fährturm, Am Yachthafen, 54338 Schweich

N 49° 48‘ 51.7“ E 6° 45‘ 00.5“

Anfahrt: A 1 bis Ausfahrt 130 Dreieck Moseltal, L 150/L 145 nach Longuich folgen, L 145 Trierer Straße durch Longuich-Kirsch Richtung Schweich, rechts auf die Moselbrücke abbiegen und nach der Brücke im Kreisel rechts auf B 53 ausfahren, rechts erste Ausfahrt zum Fährturm folgen

Parkplatz: Unter der Moselbrücke in Nähe des Fährturms, Am Yachthafen, 54338 Schweich

Zug: Moselstrecke Koblenz–Trier bis Bahnhof Schweich, vom Bahnhof Schweich sind es ca. 2,8 km durch die Innenstadt von Schweich zum Start

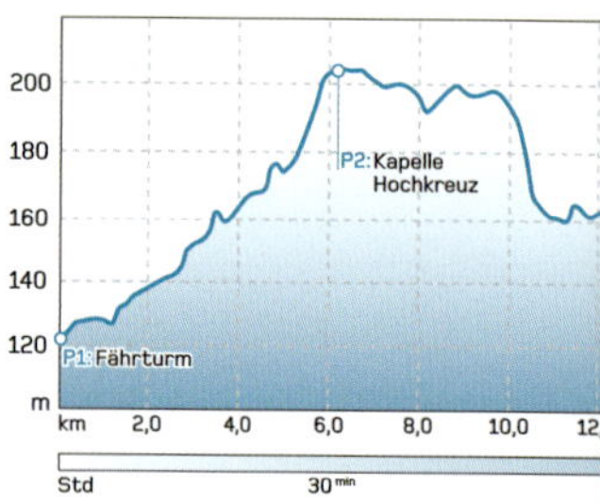

42.9 km | 3h 35min | 475 | Anspruch

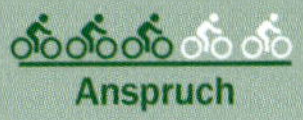

Sehlem
Krames
L47
P3 Viezgarten Esch
Esch
Zemmer
L49
L141
L50
Naurath
Hetzerath
Rivenich
Salm-Radweg
P4 Am Heldenberg
L47
L46
Neumagen
Föhren
Industrie-park
Salm
P2 Kapelle Hochkreuz
B53
Krippenmuseum
P5 Klüsserath
Radweg Wittlicher Senke
L47
Bekond
L48
A1
Molitorsmühle
Thörnich
Köwerich
Schweich
Quint
Ensch
Detzem
Leiwen
B53
Fährturm P1
Longuich-Kirsch
Schleich
P6 Schleuse Detzem
Mosel
A602
B53
Longen
Villa Urbana P9
Pölich
Kenn
A1
Mehring
Mosel-Radweg
L151
Riol
P7 Villa Rustica
P8
Ruwer
L150
Freizeitsee Triolago
Pfalzel

P3: Viezgarten
P4: Am Heldenberg
P5: Krippenmuseum
P6: Schleuse Detzem
P7: Villa Rustica
P8: Freizeitsee Triolago
P9: Villa Urbana
P1: Zum Fährturm
16,0 18,0 20,0 22,0 24,0 26,0 28,0 30,0 32,0 34,0 36,0 38,0 40,0 42,9
1h15min 1h35min 1h55min 2h15min 2h40min 2h55min 3h20min 3h35min

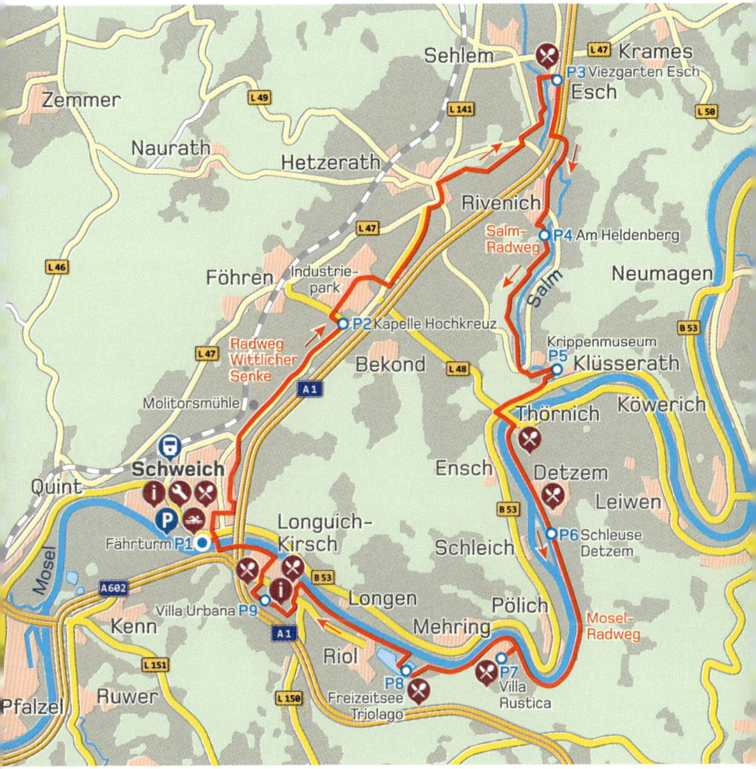

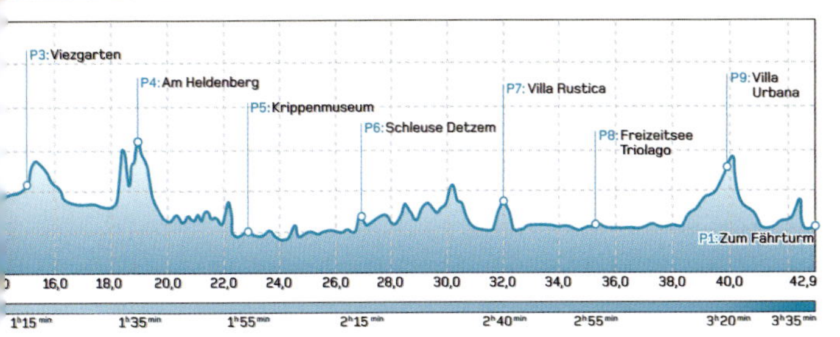

Himmlische Ansichten

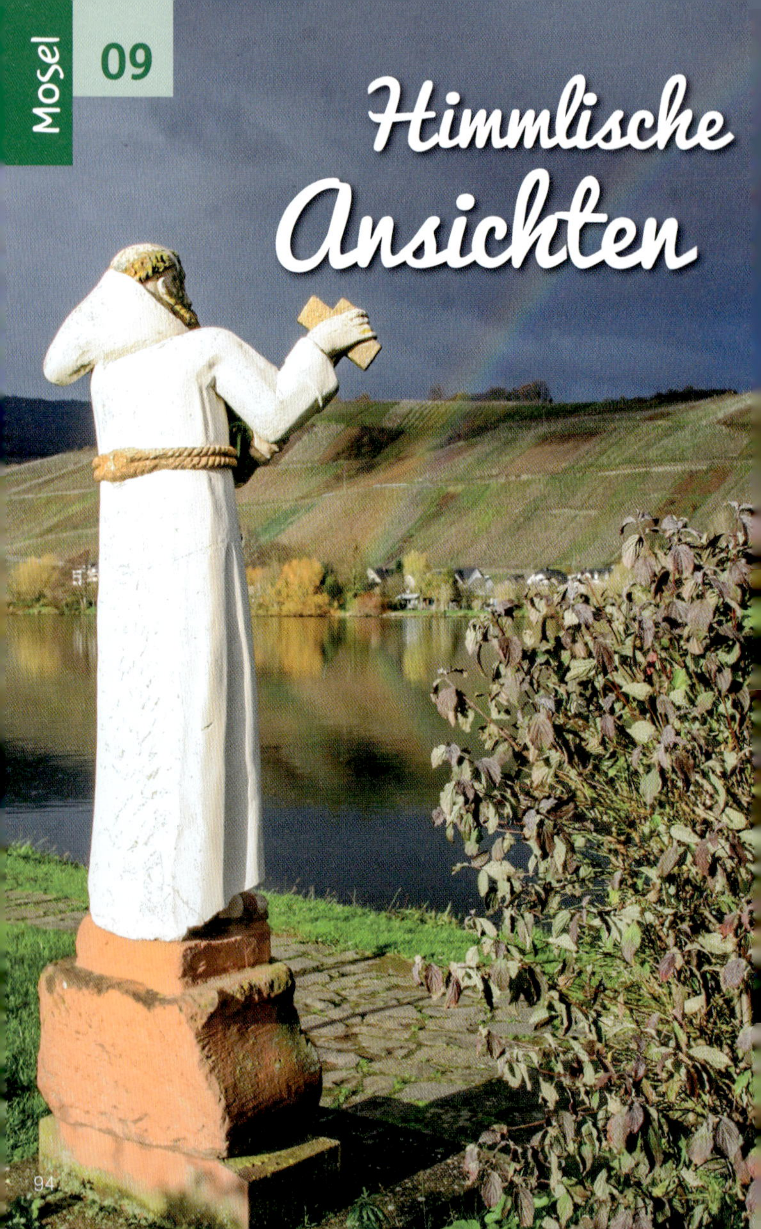

Die Route beginnt am Wahrzeichen von Schweich, dem **Fährturm (P 1)** am Moselufer. Das fünfeckige Gebäude wurde Ende des 18. Jahrhunderts vom Trierer Kurfürsten erbaut, verlor aber an Bedeutung, nachdem 1906 eine Brücke über die Mosel errichtet und der Fährbetrieb eingestellt wurde. Heute wird der Fährturm gastronomisch genutzt und ist ein beliebtes Ausflugsziel.

P1
Start

Nach knapp 200 Metern auf dem Mosel-Radweg zweigen wir auf den Radweg Wittlicher Senke ab, der am Freibad Schweich vorbeiführt und uns mit einigen Richtungswechseln durch Schweich lotst. Es folgt ein lang gezogener Anstieg entlang der L 141 in Richtung Industriepark Region Trier. Auf Höhe des Hotels Leinenhof lohnt sich ein Abstecher zur Molitorsmühle. Die 1972 stillgelegte Wassermühle am Föhrenbach wurde zum Museum umgewandelt und vermittelt einen guten Einblick in das Müllerhandwerk unserer Vorfahren (Öffnungszeiten ▶ www.molitorsmuehle.de).

P2
6.3 km
30 min

Bei der barocken **Sandsteinkapelle Hochkreuz (P 2)** an der L 48 zwischen Föhren und Bekond ist der Anstieg auf die Hochfläche geschafft. Die Route führt im Schlenker durch den Industriepark Region Trier, ehe sich der Radweg entlang der L 141 über freie Feldflächen hinweg nach Hetzerath zieht, wo die Abfahrt ins Salmtal beginnt. In einer lang gezogenen Kurve geht es an der markanten Pfarrkirche Sankt Hubertus vorbei, bevor wir entlang des Kaselbachs in Richtung Salm fahren.

Start am Fährturm

Sandsteinkapelle Hochkreuz

Krippenmuseum Klüsserath

In der weiten Feld- und Wiesenebene des Salmtals passieren wir die Escher Salmfurt und wechseln am Ortsrand von Esch beim idyllischen **Viezgarten (P 3)** auf den Salm-Radweg.

Wenn die Gartenwirtschaft geschlossen ist, ermöglicht ein Viezautomat den Erwerb des Kultgetränks der Region. Der Apfelwein mit der eigenwillig säuerlich-herben Note ist jedoch Geschmackssache...

Nach dem nördlichen Wendepunkt der Tour in Esch verläuft die Route nahe der A 1, ehe wir durch weite Wiesen des Salmtals rollen und schließlich in Rivenich die Weinberge der Moselregion erreichen. Der Ort ist vom Weinbau geprägt und Fußballfans als Geburtsort von Klaus Toppmöller bekannt. Nach Rivenich

Franziskus hält Wache

Auf dem Mosel-Radweg

durchbricht die Salm die Moselberge, und wir haben am Hang des **Heldenbergs (P 4)** einen Anstieg zu überwinden.

P4
18.9 km
1h 35min

Es folgt ein herrlicher Streckenabschnitt entlang der steilen Weinberghänge mit Blick auf die naturbelassene Salmaue. In Klüsserath gelangt der Salm-Radweg ins Moseltal und endet im Ortszentrum. In dem Winzerort reichen die Rebstöcke bis in die Vorgärten.

Die Weinlage „Klüsserather Bruderschaft“ zählt zu den größten Südhängen der Mittelmosel mit einer beeindruckenden Hangneigung bis zu 83 Prozent. Der Besuch des **Krippenmuseums (P 5)** mit Krippen aus aller Welt sorgt das ganze Jahr über für weihnachtliche Stimmung.

P5
22.9 km
1h 55min

Villa Rustica

Von Klüsserath fahren wir entlang der B 53 moselabwärts und überqueren die Moselbrücke nach Thörnich, wo die Route auf den Mosel-Radweg trifft. In Thörnich und dem nächsten Weinort Detzem locken gemütliche Straußwirtschaften und Weingüter zur Einkehr. Auf die **Schleuse Detzem (P 6)** folgt ein spektakulärer Streckenabschnitt entlang der Mosel mit Blick auf den Steilhang der Mehringer Schweiz.

P6 26.9 km $2^{h}\,15^{min}$

Am Ende des Campingplatzes Mehringer Schweiz weist ein Lauschpunkt (Teil einer Audiotour-App mit Lauschpunkten am Mosel-Radweg) auf die Römische Villa Rustica hin. Achtung, der Abzweig ist leicht zu übersehen. Wir folgen der Beschilderung „Gasthof zur Römervilla“ 300 Meter den Hang hinauf, wo uns eine rekonstruierte **Römische Villa Rustica (P 7)** inmitten eines Neubaugebiets erwartet.

P7 32.1 km $2^{h}\,40^{min}$

Die Römervilla wurde vom 2. bis 5. Jahrhundert nach Christus genutzt und umfasste zeitweise 34 Räume. Vom gehobenen Lebensstandard der Besitzer zeugen das beheizte, mosaikgeschmückte Wohnzimmer sowie die Badeanlage mit Kalt- und Warmbad.

Zurück auf dem Mosel-Radweg folgt der ehemalige Mehringer Bahnhof mit Wein- und Biergarten. Der Bahnhof war bis 1968 Haltestelle des „Säufbähnchens“, wie die Moseltalbahn im Volksmund genannt wurde. In den Zügen wurde als Touristenattraktion Wein serviert. Die Radroute nutzt die herrliche Wegführung der stillgelegten Kleinbahnstrecke entlang des Moselufers.

Vor Riol wird die Mosel breiter und wirkt wie der Seitenarm eines Sees. Beim **Freizeitsee und -park Triolago (P 8)** lohnt sich der nächste Abstecher vom Radweg. Das Freizeitareal bietet mit Wasserskiseilbahn, Strandbad, Allwetterrodelbahn und Bootsverleih Gelegenheit für viele sportliche Aktivitäten, aber auch zum gemütlichen Zuschauen und Relaxen. Für ein reiches gastronomisches Angebot ist natürlich auch gesorgt.

Anschließend passiert der Mosel-Radweg die Statue „Franziskus hält Wache“, ehe wir den Doppelort Longuich-Kirsch erreichen. Beim Treppengiebelhaus an der Moselbrücke lohnt

Regenbogen-Wetter

Villa Urbana

Zurück am Fährturm

sich eine Spritztour zur Alten Burg und zur Villa Urbana. Die 1360 erstmals erwähnte Alte Burg ist nur einen Steinwurf vom Radweg entfernt und lockt mit Burgkeller, Ritterstube, Burggarten und Schlemmerstube zur Einkehr.

P9
39.8 km
3h 35min

Der Name Longuich kommt von Longus Vicus, was so viel wie „langes Dorf" heißt. Am Ortsrand liegt am Hang eines Weinbergs die teilrekonstruierte und frei zugängliche **Villa Urbana (P 9)**. Die Überreste der prunkvollen Römervilla wurden 1984 entdeckt. Besonders eindrucksvoll ist das Badehaus mit einem Heiß- und Kaltbad.

P1/Ziel
42.9 km
3h 35min

Eine außergewöhnliche Übernachtung bieten die kleinen Winzerhäuschen, die der Mailänder Architekt Matteo Thun für das WeinKulturgut Longen-Schlöder entworfen hat. Auch wenn man nicht übernachtet, sind die Häuschen einen Blick wert. Zurück am Moselufer rollen wir unter der Autobahnbrücke der A 1 hindurch. Auf der anderen Uferseite bestimmt der **Fährturm (P 1)** die Szenerie. Zum Ausklang der Tour locken die Gaststätte Zum Fährturm und die Gastronomie in Schweich.

Fazit

Der Gegensatz sorgt für den besonderen Pfiff. Die Tour verbindet eine Entdeckungsreise abseits des Trubels im Salmtal mit einem herrlichen Streckenabschnitt an der lebhaften Mittelmosel. Im Sommer an das Strandtuch und die Badesachen denken.

TourTipps

- Tourist-Information Römische Weinstraße, Brückenstraße 46, 54338 Schweich, 06502/93380, www.roemische-weinstrasse.de
- Tourist-Info Longuich, Maximinstraße 18, 54340 Longuich-Kirsch, 06502/1716, www.roemische-weinstrasse.de

- Zum Fährturm, Am Yachthafen, 54338 Schweich, 06502/9130-0, www.kreusch.de
- Schweicher Hof, Brückenstraße 45, 54338 Schweich, 06502/93990, www.hotel-schweicher-hof.de
- P3 Escher Biergarten, Brunnenstraße 3, 54518 Esch, 06508/7594, www.biergarten-esch.de
- Zur Alten Fähre, Maternusstraße 6, 54340 Thörnich, 06507/802455
- Café am Moselufer, Am Moselufer, 54340 Detzem, 06507/802080
- Hotel und Gasthaus zum Anker, Ankerstraße 3, 54340 Detzem, 06507/3354, www.hotel-zum-anker-detzem.de
- P6 Weingut-Straußwirtschaft Römerhof, Römerstraße 10, 54340 Detzem, 06507/3518, www.roemerhof-detzem.de
- P7 Landgasthaus Hungaricum, Wiesenflurweg 27, 54346 Mehring, 06502/9390434
- Wein- & Biergarten am alten Moselbahnhof, Am Moselbahnhof 1, 54346 Mehring, 06502/9890706
- P8 Ristorante Pizzeria Villaggio, Am Campingplatz 1, 54340 Riol, 06502/9966721, www.villaggio-triolago.de
- Restaurant Olivenbaum, Zur Talstation 1, 54340 Riol, 06502/9353454
- Alte Burg Longuich, Maximinstraße 39, 54340 Longuich, 06502/5587, www.alteburg-longuich.de
- Café Laurentius, Maximinstraße 17, 54340 Longuich, 06502/930634
- WeinKulturgut Longen-Schlöder, Kirchenweg 9, 54340 Longuich, 06502/8345, www.longen-schloeder.de

- Schweicher Fahrradladen, Brückenstraße 16, 54338 Schweich, 06502/9977965, www.schweicher-fahrradladen.de

- Freizeitsee Triolago, Zum Campingplatz 1, 54340 Riol, 06502/7119 (Campingpark), www.triolago.eu
- Erlebnisfreibad Schweich, Zum Schwimmbad 1, 54338 Schweich, 06502/2497

Tour Download: **BT7X9X8** (für GPS-Geräte)

Direkt in die App mit scan to go®

10 *Obermosel 1*

Die Tour startet am Bahnhof Karthaus und verläuft am rechten und linken Moselufer von Trier bis zur deutsch-luxemburgischen Grenze. In Wasserbillig kann man zwischen Kurz- und Langstrecke wählen und mit der Fähre übersetzen oder bis Grevenmacher weiterfahren.

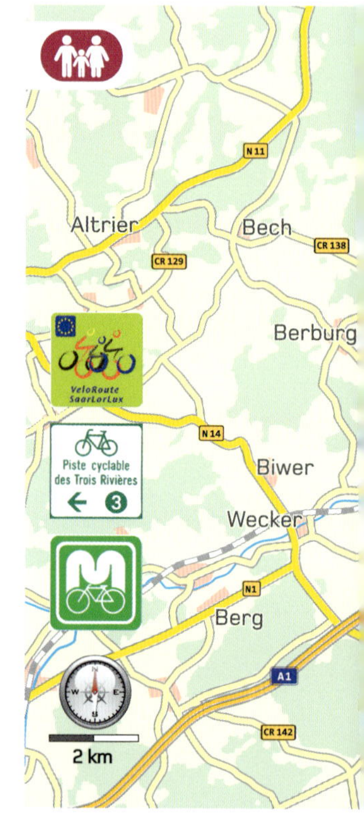

Start/Ziel: Bahnhof Karthaus, Am Bahnhof Karthaus 2, 54329 Konz

N 49° 42‘ 37.9“ E 6° 35‘ 47.3“

Anfahrt: B 51 Trier–Saarburg, in Fahrtrichtung Saarburg nach Löllberg links halten Richtung Konz und Ausschilderung zum Bahnhof Karthaus folgen, in Fahrtrichtung Trier in Karthaus auf die Trierer Straße abbiegen und dann links in die Merzlicher Straße zum Bahnhof

Parkplatz: am Bahnhof Karthaus

Zug: Moseltalstrecke Trier–Perl und Saarstrecke Trier–Saarbrücken bis Bahnhof Karthaus

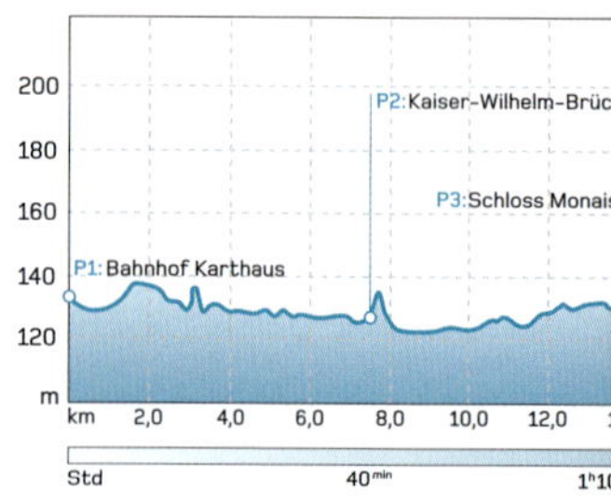

Variante kurz:

33.5 km 2h 55min 280

47.2 km | 3h 55min | 355 ↑↓

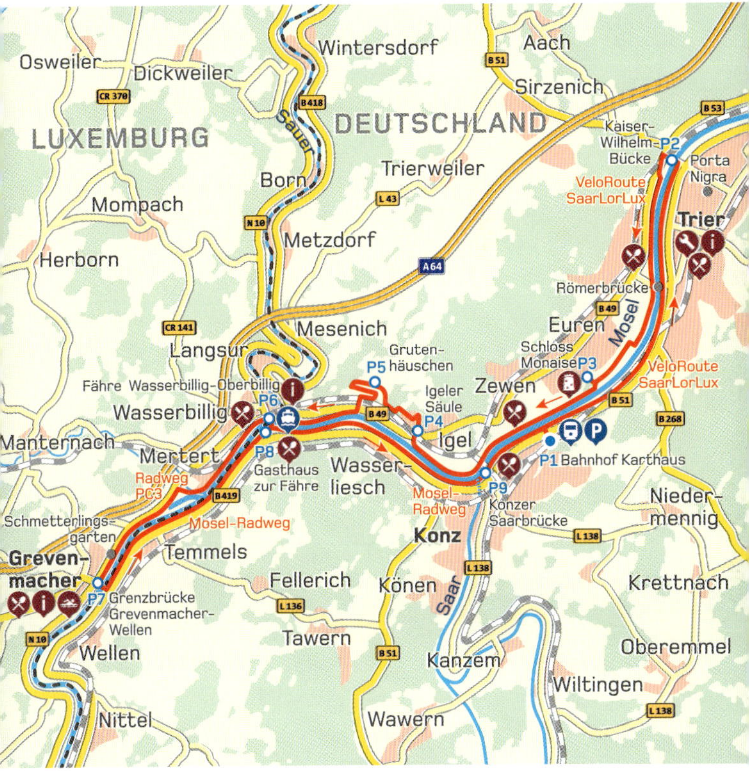

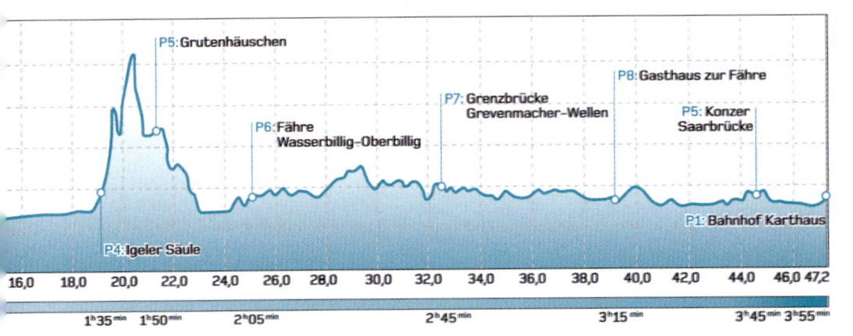

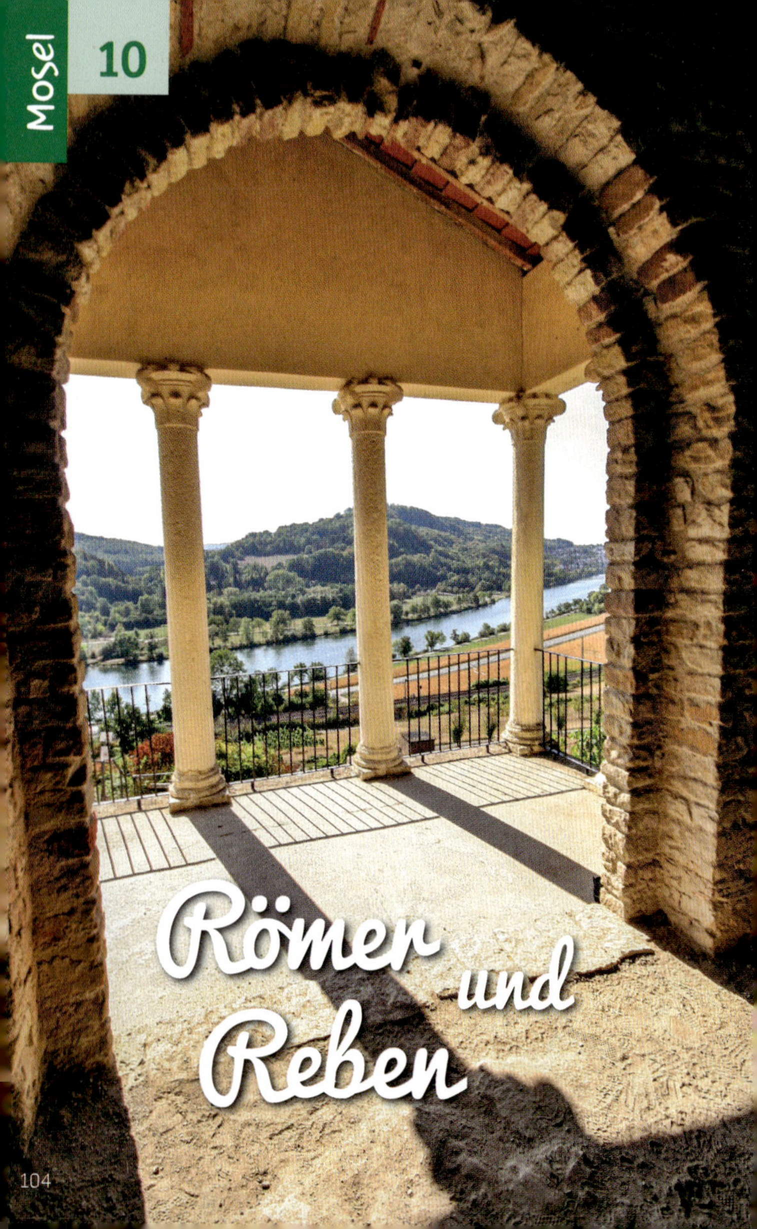

Römer und Reben

P1
Start

Wir beginnen die Tour am **Bahnhof Karthaus (P 1)**. Das Moselufer ist nur 250 Meter entfernt, und schon radeln wir auf der VeloRoute SaarLorLux flussabwärts Richtung Trier. Der breite Radweg führt direkt am Fluss entlang, so ist Radfahren ein Genuss. Wir passieren die Staustufe Trier und rollen unter der Römerbrücke, der ältesten Brücke Deutschlands, hindurch. Die Fahrbahn lastet auf fünf Originalpfeilern aus der Zeit der Römer um 150 nach Christus. Seit 1986 ist die Brücke Teil des UNESCO-Welterbes.

Mit zwei alten Moselkränen folgt der nächste Hingucker. Im Mittelalter befand sich hier der Trierer Hafen und 1413 wurde mit dem „Alter Krahnen“ der erste steinerne Landkran errichtet. Beide Kräne sind bis heute voll funktionsfähig, stehen aber seit Aufschüttung der Mosel nicht mehr nah genug am Wasser. Als Radfahrer wird man auf einer kurzen Kopfsteinpflasterpassage am „Alter Krahnen“ ordentlich durchgerüttelt.

Der nächste Halt lohnt sich am Zurlaubener Ufer. In den kleinen Häusern mit Gärtchen und Pavillons lebten früher Fischer und Schiffer. Aus dem ehemaligen Fischerdorf Zurlauben ist ein beliebter Treffpunkt mit zahlreichen Gasthäusern und Kneipen geworden. Von den Restaurantterrassen und der großen Freitreppe bietet sich ein grandioser Blick auf die roten Sandsteinfelsen am gegenüberliegenden Ufer, den Schiffsanleger und die Kaiser-Wilhelm-Brücke.

Alter Krahnen

P2
7.5 km
40min

Wer die Tour mit einem Stadtbummel durch Trier verbinden will, hat am Zurlaubener Ufer die Gelegenheit. Die Innenstadt mit der Porta Nigra und allen weiteren Sehenswürdigkeiten ist nicht weit entfernt. Unsere Radroute führt von Zurlauben über die **Kaiser-Wilhelm-Brücke (P 2)** auf die linke Uferseite, wo wir der Mosel flussaufwärts folgen. Wir passieren erneut die Römerbrücke, ehe die Strecke bei der Staustufe Trier das Flussufer vorübergehend verlässt.

P3
14.3 km
1h 10min

Am Yachthafen Monaise sind wir zurück an der Mosel. Nächster Höhepunkt ist das direkt am Radweg gelegene frühklassizistische **Schloss Monaise (P 3)**, das von einer weitläufigen Gartenanlage umgeben ist. Das prächtige Schloss wurde als Sommerresidenz des Trierer Domdechanten Philipp Franz Graf von Walderdorff errichtet und befindet sich im Eigentum der Stadt Trier.

Vom Lustschlösschen des Domdechanten geht es entlang der Mosel weiter. Wir rollen unter der Konzer Eisenbahnbrücke hindurch und blicken zur Saarmündung am gegenüberliegenden Ufer. Nach der weiten Trierer Bucht verengt sich das Moseltal zunehmend. Auf Höhe von Igel lohnt es sich, die VeloRoute SaarLorLux für einen Abstecher zur Igeler Säule und zum Grutenhäuschen zu verlassen.

P4
19.1 km
1h 35min

Wahrzeichen des Ortes Igel ist die **Igeler Säule (P 4)**, ein 23 Meter hohes Grabdenkmal aus rotem Sandstein, dass eine reiche Tuchhändlerfamilie Mitte des 3. Jahrhunderts nach Christus errichten ließ. Die Säule zählt seit 1986 zum UNESCO-Welterbe. Der Grabpfeiler ist wunderbar erhalten, zeigt auf der Spitze Jupiter und ist auf allen vier Seiten mit prachtvollen Reliefs versehen.

Statt zur VeloRoute SaarLorLux zurückzukehren, verlassen wir Igel auf der Waldstraße in Richtung Fusenich/Trierweiler und haben einen Anstieg vor der Brust. In der Steigung folgen wir der Beschilderung „Schauinsland/Schützenhaus“ und fahren am Moselhang entlang zum idyllisch in den Weinbergen gelegenen **Grutenhäuschen (P 5)**. Der römische Grabtempel ist eine echte Augenweide! In Sichtweite des Grabbaus wurden Reste eines römischen Gebäudes entdeckt. Eventuell handelt es sich dabei um die Behausung der Erbauer des Grutenhäuschens.

P5
21.3 km
1h 50min

Das Gebäude wurde im Gegensatz zur Igeler Säule über die Jahrhunderte hinweg mehrmals zerstört. Erhalten geblieben ist der Gewölberaum im Untergeschoss, in dem die Särge der Verstorbenen aufbewahrt wurden. Seinen Charme verdankt das Grutenhäuschen dem rekonstruierten Obergeschoss mit einer von weißen Säulen eingerahmten Terrasse.

Welterbe Igeler Säule

Blick vom Grutenhäuschen

Der Blick über das Moseltal ist umwerfend! Nicht umsonst ist das Grutenhäuschen ein beliebter Ort standesamtlicher Trauungen.

In zwei weiten Schleifen rollen wir anschließend durch die Weinlage Igeler Dullgärten zur Mosel. Seit über 2000 Jahren wird auf den Muschelkalkböden des Moselhangs mit dem Elbling eine der ältesten Rebsorten Deutschlands kultiviert. Die Weine und Sekte dieser Rebsorte zeichnen sich durch ihre Leichtigkeit, Spritzigkeit und Frische aus. Im nahen Winzerhof Löwener Mühle mit Hofladen und Gutsausschank kann man den Elbling vor Ort verkosten.

Am Moselufer setzen wir die Fahrt auf der VeloRoute SaarLorLux fort und erreichen in Wasserbilligerbrück am Zusammenfluss von Sauer und Mosel die Deutsch-Luxemburgische Grenze. Nach Überquerung der Sauerbrücke bietet sich die Uferpromenade von Wasserbillig für eine Verschnaufpause an. An der **Fähre Wasserbillig-Oberbillig (P 6)** können wir zwischen **Kurz-** und **Langstrecke** wählen.

P6
25.2 km
2h 05min

Fähranleger Wasserbillig

Im Weinort Grevenmacher

Das Grutenhäuschen

Uferpromenade Wasserbillig

*Wer sich für die **Kurzstrecke** entscheidet, setzt mit der Elektro-Solarfähre Sankta Maria II in das vis-á-vis liegende Oberbillig über und ist zurück in Deutschland.*

Variante kurz

Die **Langstrecke** folgt dem Radweg PC 3 (Piste cyclable des Trois Rivières) entlang des luxemburgischen Moselufers. Nach Wasserbillig umfahren wir bei Mertert den einzigen Binnenhafen des Großherzogtums. Im LUXport befindet sich auch das größte Tanklager des Landes. Als nächste Ortschaft erwartet uns der Weinort Grevenmacher.

P7
32.5 km
2h 45min

Ehe wir über die auffällige **Grenzbrücke (P 7)** nach Deutschland fahren, gibt es in der „Metropole" der luxemburgischen Moselregion mit dem Schmetterlingsgarten, der attraktiven Uferpromenade und lebhaften Fußgängerzone viel zu entdecken. Zudem lockt der Besuch einer Kellerei wie der größten privaten Sektkellerei Luxemburgs, Bernard-Massard, die direkt an der Brücke liegt.

Moselbrücke Grevenmacher-Wellen

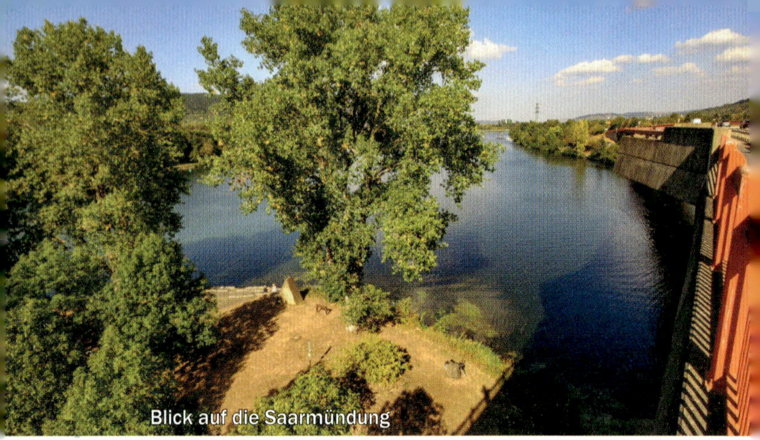

Blick auf die Saarmündung

Zurück in Deutschland, geht es auf dem Mosel-Radweg flussabwärts über Temmels nach Oberbillig, wo die Kurzstrecke beim **Gasthaus Zur Fähre (P 8)** zu uns stößt. Eine prima Einkehrempfehlung ist der Biergarten von Reza's Restaurant mit Sicht auf die Sauermündung und die von Ufer zu Ufer pendelnde Moselfähre. Anschließend bietet der Radweg herrliche Panoramablicke auf die Mosel und das auf halber Höhe in den Weinbergen liegende Grutenhäuschen.

Die harmlose Steigung auf die **Konzer Saarbrücke (P 9)** empfindet man nach dem entspannten Flussradeln als richtigen Anstieg. Von der Brücke können wir die grandiose Sicht auf die Saarmündung genießen. Nach dem Zufluss der Saar hat die Mosel in der weiten Trierer Bucht eine stolze Breite, sodass Segelboote zwischen den Uferseiten kreuzen.

Eine nette Einkehrgelegenheit besteht beim Gasthaus an der Saarmündung, ehe wir in Karthaus das Moselufer verlassen und zum **Bahnhof Karthaus (P 1)** zurückkehren. Aufgepasst, den Abzweig vom Mosel-Radweg durch den Tunnel unter der B 51 hindurch in Richtung Bahnhof übersieht man leicht!

Fazit

Die Mosel ist fast immer zum Greifen nah. Die Route bietet Flussradwegvergnügen par excellence – egal ob auf der Kurz- oder der Langstrecke. Die Tour lädt zum Verweilen, Schauen, Träumen und Genießen ein.

TourTipps

- Tourist-Info Trier, Simeonstraße 55, An der Porta Nigra, 54290 Trier, 0651/978080, www.trier-info.de
- Deutsch-Luxemburgische Tourist-Info, Moselstraße 1, 54308 Wasserbilligerbrück, 06501/602666, www.lux-trier.info

- Gasthaus Mosellied, Zurlaubener Ufer 86, 54292 Trier, 0651/26588, www.gasthaus-mosellied.eu
- P2 Wirtshaus Alt Zalawen, Zurlaubener Ufer 79, 54292 Trier, 0651/28645, www.altzalawen.de
- Weinstube Kesselstatt, Liebfrauenstraße 10, 54290 Trier, 0651/41178, www.weinstube-kesselstatt.de
- Herrlich Ehrlich, Aachener Straße 63, 54294 Trier, 0160/3834520, www.herrlichehrlich-trier.de
- Zum Moselaner, Oberkirch 50, 54294 Trier-Zewen, 0651/20699647
- Café Queens, 5 Rue des Bateliers, 6612 Wasserbillig, Luxemburg, 00352/691130038 (P6)
- Café am Anker, 17 Esplanade de la Moselle, 6637 Wasserbillig, Luxemburg, 00352/27992741
- Bistro Quai, 3 Route du Vin, 6794 Grevenmacher, Luxemburg, 00352/24558775, www.quai.lu
- P8 Gasthaus zur Fähre, Moselstraße 57, 54331 Oberbillig, 06501/9698725, www.gasthausfaehre.de
- Reza's Restaurant, Moselstraße 45, 54331 Oberbillig, 06501/969630, www.rezas-online.de
- P9 Gasthaus an der Saarmündung, Campingplatz Konz, Am Moselufer 1, 54329 Konz, 06501/9699010, www.campingplatz-konz.de

- Velopoint Trier, Aachener Straße 55, 54294 Trier, 0651/4631760, www.velopoint-trier.de
- Fahrrad Heidemann, Saarstraße 9, 54290 Trier, 0651/9945227, www.fahrrad-heidemann.de

- Freiluftbad Grevenmacher, Rue Kurzacht, 6794 Grevenmacher, Luxemburg, 00352/75821420, www.grevenmacher.lu

Tour Download: **BT71XX7** (für GPS-Geräte)

Direkt in die App mit scan to go®

11 Obermosel-Saargau-Runde

Die Tour verbindet die touristisch geprägte Obermosel mit der Abgeschiedenheit des Saargaus. Von Wincheringen geht es moselabwärts bis zur Saarmündung bei Konz. Auf der Rückfahrt nach Wincheringen ist das Plateau des Saargaus zu überwinden.

Start/Ziel: Bahnhof Wincheringen, Am Bahnhof 3/4, 54457 Wincheringen

N 49° 36' 32.6" E 6° 24' 25.4"

Anfahrt: B 419 Konz–Perl (Grenze zu Frankreich) bis Kreisverkehr an der Auffahrt zur Moselbrücke Wincheringen-Wormeldingen, dort zum Mitfahrerparkplatz ausfahren

Parkplatz: Mitfahrerparkplatz an der B 419 am Kreisverkehr bei der Moselbrücke Wincheringen-Wormeldingen

Zug: Moseltalbahn Trier–Perl bis Bahnhof Wincheringen

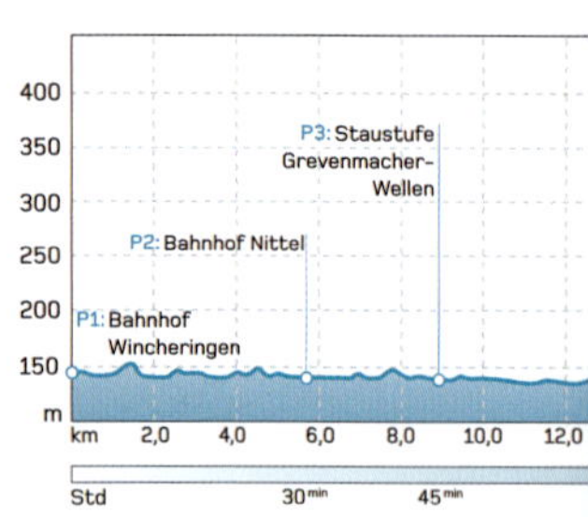

Berburg
Langsur
Mesenich
A 64
N 10
B 418
Zewen
Wasser-
billigerbrück
Wasserbillig
Igel
B 49
Biwer
Manternach
Saar-
mündung
B 419
CR 139
CR 135
CR 134
P4 Reza's
Restaurant
Ober-
billig
P5
Konz
Wasser-
liesch
Wecker
A 1
B 419
N 10
Temmels
Grevenmacher
Mosel-
Radweg
L 136
Fellerich
Berg
N1
Könen
Staustufe
Grevenmacher-
Wellen P3
DEUTSCHLAND
Tawern
Saar
LUXEMBURG
Römischer P6
Tempelbezirk
Tawern
Kanzem
CR 143
CR 142
K 132
Nittel
BahnhofNittel P2
Wawern
Oberdonven
Onsdorf
B 51
Mosel
CR 146
CR 143
L 135
P7 Mannebacher
Käsemarkt
Schoden
B 419
Niederdonven
Mosel-
Radweg
Mannebach
L 138
N 10
Ayl
CR 122
K 111
St.-Donatus-
Kapelle
Rehlingen
Fisch
L 135
Wormeldingen
Wincheringen
Bahnhof P1
Wincheringen
P9 Burg
Wincheringen
P8
Überquerung K 111
Saarburg
Beurig
Ehnen
Bilzingen
B 407
B 51

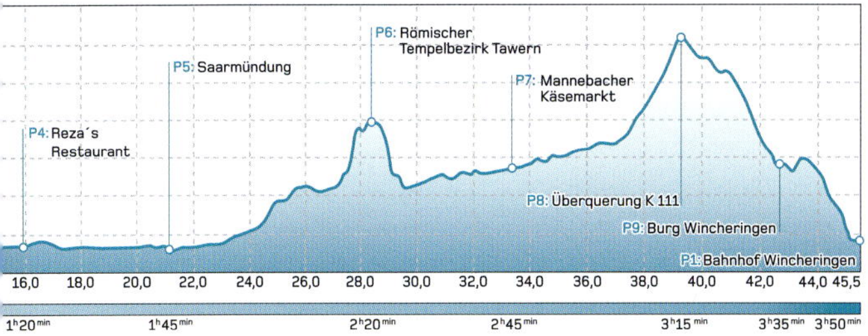

P4: Reza´s
Restaurant
P5: Saarmündung
P6: Römischer
Tempelbezirk Tawern
P7: Mannebacher
Käsemarkt
P8: Überquerung K 111
P9: Burg Wincheringen
P1: Bahnhof Wincheringen

16,0 18,0 20,0 22,0 24,0 26,0 28,0 30,0 32,0 34,0 36,0 38,0 40,0 42,0 44,0 45,5

1h20min 1h45min 2h20min 2h45min 3h15min 3h35min 3h50min

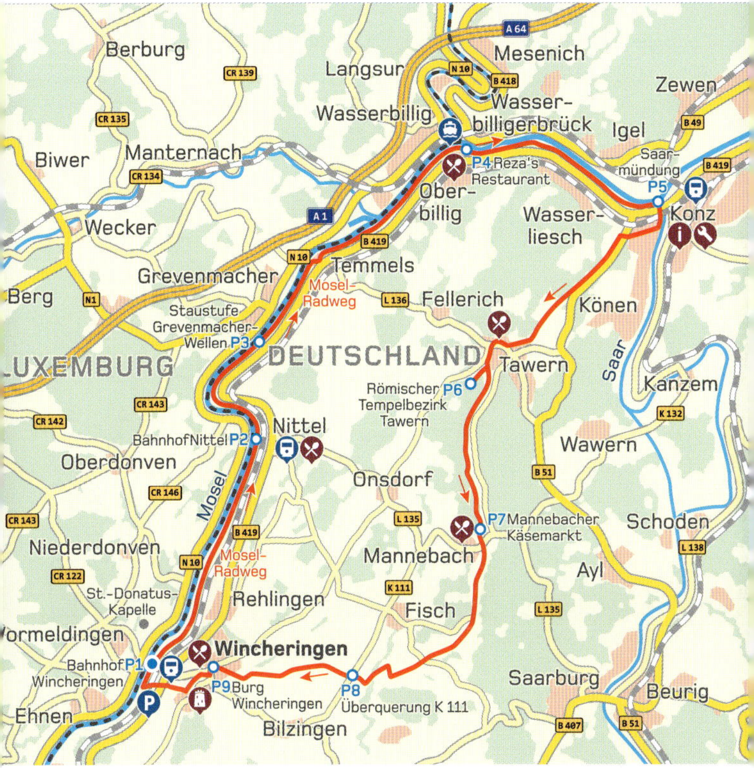

Reizvolle Stopps

P1 Start

Ein guter Ausgangspunkt der Tour ist der **Bahnhof Wincheringen (P 1)** mit direktem Anschluss an den Mosel-Radweg. Die Route führt am Flussufer entlang und bietet einen herrlichen Blick auf die gegenüberliegende Uferseite mit der Ortschaft Wormeldingen, der berühmten Weinlage Wormer Koeppchen und der St. Donatus-Kapelle mit einer im Wind wehenden Luxemburgischen Fahne.

P2 5.7 km 30 min

Zwischen Moselufer und Bahngleisen geht es weiter nach Nittel, wo der Radweg den **Bahnhof Nittel (P 2)** passiert. Schade, die Bahntrasse und die B 419 trennen den Ort vom Moselufer. Nittel gilt als Zentrum des Elbling-Weinbaus an der Obermosel und zieht sich eingerahmt von Weinbergen den Hang hinauf.

Die Ortschaft zeichnet sich durch eine Reihe exzellenter Weingüter mit einladenden Winzerhöfen, wie dem Wein- und Gästehaus Apel, dem Culinarium des Weinguts Matthias Dostert oder der Sektscheune des Weinguts Zilliken aus und bietet sich speziell am Abend zur Einkehr an.

P3 8.9 km 45 min

Nach Nittel bildet ein in Weinberge und Dolomit- und Kalkfelsen eingebetteter Moselbogen ein malerisches Panorama. Die Strecke zieht sich rechts der Bundesstraße am Moselhang entlang, durchquert die Ortschaft Wellen und kehrt nach der **Staustufe Grevenmacher-Wellen (P 3)** ans Flussufer zurück. Mit Blick auf die ruhige Wasserfläche und auf vorbeiziehende

So schön kann Pause sein

Auf dem Mosel-Radweg

Frachtschiffe, Ausflugs- und Sportboote sowie Paddler und Ruderer treten wir in die Pedale.

Nach Temmels erreicht der Mosel-Radweg am Zusammenfluss von Sauer und Mosel das alte Fischer- und Schifffahrtsdorf Oberbillig. Neben dem Gasthaus zur Fähre bietet sich der herrlich am Moselufer gelegene Biergarten von **Reza's Restaurant (P 4)** zur Einkehr an. Zurück auf dem Fahrrad, ist das Grutenhäuschen auf der gegenüberliegenden Uferseite am Moselhang ein attraktiver Blickfang.

P4
15.9 km
1h 20min

Nach Wasserliesch teilt sich der Radweg vor der Saarmündung. Während der Mosel-Radweg über die Konzer Saarbrücke nach Trier führt, wechseln wir auf den Saar-Radweg und fahren

Auf Höhe Nittel

P5
21.1 km
1^h 45^{min}

direkt auf die **Saarmündung (P 5)** zu, wo Steinstufen das Ufer zugänglich machen. Eine dreieckige Steinskulptur, in der man sitzen kann, dient als besonderer Ruheort. Anschließend verlassen wir unter der Saarbrücke Konz, die vermutlich auf römischen Fundamenten ruht, den Saar-Radweg und biegen in Richtung Remich/Tawern ab.

Nach einer kurzen Straßenpassage zweigt die Route in einem Gewerbegebiet nach Tawern ab und folgt dem Fuchsgraben. Nach dem stark frequentierten Mosel-Radweg ist die Verbindungsstrecke über das Plateau des Saargaus ein Geheimtipp abseits des großen Trubels. Die Route zieht sich sanft ansteigend durch die Wiesen- und Feldflur, ehe in Tawern die Dorfbäckerei zur Einkehr lockt.

An der Saarmündung

P6
28.4 km
$2^h 20^{min}$

Gut gestärkt, sollte man sich den Abstecher zum **Römischen Tempelbezirk Tawern (P 6)** nicht entgehen lassen, der in einem Waldgebiet außerhalb des Ortes auf dem Metzenberg liegt. Mit Unterstützung ist der steile Anstieg gut zu bewältigen. Ohne Pedelec kommt man ganz schön ins Schwitzen. Doch die Mühe lohnt sich. Der teilweise rekonstruierte Tempelbezirk ist frei zugänglich. Fundstücke zeigen, dass der Merkur geweihte Tempel vom 1. bis 4. Jahrhundert nach Christus genutzt wurde.

P7
33.4 km
$2^h 45^{min}$

Zurück auf dem Radweg passieren wir die Talbachhütte und fahren am Waldrand des Mannebachtals entlang. Durch das herrliche Hochtal mit Wiesen und Weiden erreichen wir am Ortsrand von Mannebach den Riedhof, wo samstags von 10 bis 16 Uhr auf dem **Mannebacher Käsemarkt (P 7)** reges Treiben herrscht. Für das leibliche Wohl ist dann dank Käserei, Hofcafé und vieler Marktstände gesorgt. Regionale Spezialitäten wie Wein, Winzersekt, Apfelsaft, Viez, Edelbrände und Liköre werden zum Kauf angeboten.

In Mannebach lohnt sich ein Abstecher zum Mannebacher Brauhaus. Im Biergarten oder der Gaststube der Kultgaststätte kann man das frische, naturtrübe Bier genießen. Mannebach liegt an der Viezstraße. Der Apfelwein ist neben Käse und Bier die dritte kulinarische Besonderheit des Ortes. Im Schatten einer herrlichen Eschen- und Lindenallee verlassen wir Mannebach und fahren auf der Route du Cidre nach Alterhof.

Nun beginnt der anspruchsvolle Anstieg auf das Plateau des Saargaus. Ohne Pedelec erfordert die Steigung gute Kondition und geht ordentlich in die Beine. Mit der **Überquerung der K 111 (P 8)** ist es geschafft, und uns erwartet eine Traumabfahrt von der Hochfläche hinab ins Moseltal. Wir rollen zunächst über freie Feld- und Wiesenflächen mit einzelnen Streuobstbeständen hinab nach Wincheringen.

Römischer Tempelbezirk

Im Mannebachtal

Anstieg auf das Saargauplateau

Fahrt durch Streuobstwiesen

P9
42.7 km
3h 35min

In der Ortschaft bietet sich ein lohnenswerter Abstecher zur **Burg Wincheringen (P 9)** an. Das gesamte Bauensemble besteht aus einem frei stehenden Rundturm, einem Herrenhaus und der turmlosen Pfarrkirche St. Peter.

Der 17 Meter hohe Wehrturm dient der Dorfkirche als Glockenturm und ist das weithin sichtbare Wahrzeichen Wincheringens. Nach einem kurzen Anstieg am Ortsausgang setzt sich die märchenhafte Abfahrt in den Weinbergen des Moselhangs fort.

Der Blick hinab ins Tal mit Wormeldingen, dem Wormer Koeppchen und der St. Donatus-Kapelle ist grandios und sucht seinesgleichen, ehe die Tour am **Bahnhof Wincheringen (P 1)** endet. Zur Einkehr bietet sich auf deutscher Seite das Gasthaus Zur Moselbrücke an oder man fährt über die Brücke nach Wormeldingen und lässt die Tour in einem der Cafés, Gasthäuser oder Weinstuben in Luxemburg ausklingen.

Fazit

Die Tour kombiniert entspanntes Flussradeln an der Obermosel mit der herausfordernden Querung des Saargau-Plateaus. Ab der Saarmündung ist die Route ein Geheimtipp abseits des großen Trubels. Auf dem langen Anstieg im Saargau ist man für ein Pedelec dankbar.

TourTipps

- Tourist-Info Konz, Saarstraße 1, 54329 Konz, 06501/6018040, www.saar-obermosel.de

- Zur Moselbrücke, Am Bahnhof 4, 54457 Wincheringen, 06583/993260, www.zur-moselbruecke.de
- Die Sektscheune im Weingut Zilliken, Weinstraße 14, 54453 Nittel, 06584/91500, www.zilliken.com (P2)
- Weinstube im Weingut Apel, Weinstraße 26, 54453 Nittel, 06584/314, www.apel-weingut.de
- Gasthaus zur Fähre, Moselstraße 57, 54331 Oberbillig, 06501/9698725, www.gasthausfaehre.de
- Reza's Restaurant, Moselstraße 45, 54331 Oberbillig, 06501/969630, www.rezas-online.de (P4)
- Tawerner Dorfbäckerei, Brunnenstraße 1, 54456 Tawern, 06501/17866
- Mannebacher Brauhaus, Hauptstraße 1, 54441 Mannebach, 06581/99277, www.mannebacher.de (P7)
- Warsberger Hof, Warsbergerstraße 43, 54457 Wincheringen, 06583/554, www.warsbergerhof.de (P9)
- Gasthaus Backendorf „Beim Heidi“, Warsbergerstraße 19, 54457 Wincheringen, 06583/1226

- Bike Passion Konz, Konstantinstraße 1, 54329 Konz, 06501/12196, www.bike-passion.de

Hinab ins Moseltal

St. Donatus-Kapelle

Tour Download: **BT711X6** (für GPS-Geräte)

Direkt in die App mit scan to go®

12 Obermosel 2

Die Tour startet im dt.-frz.-lux. Dreiländereck am Bahnhof Perl und begleitet die Mosel auf deutscher Seite flussabwärts und in Luxemburg moselaufwärts bis Schengen. Dank der Brücken bei Wellen und Wincheringen kann man zwischen Lang- und Kurzstrecke wählen.

Start/Ziel: Bahnhof Perl, Bahnhofstraße 113, 66706 Perl

N 49° 28‘ 23.2“ E 6° 22‘ 10.4“

Anfahrt: A 8 bis Ausfahrt 2 Perl, links auf die B 419 abbiegen und in Perl nach dem Kreisverkehr rechts in die Bahnhofstraße abbiegen

Parkplatz: am Bahnhof Perl

Zug: Moseltalbahn Trier–Perl bis Bahnhof Perl

Variante kurz:

46.5 km 3h 55min 340

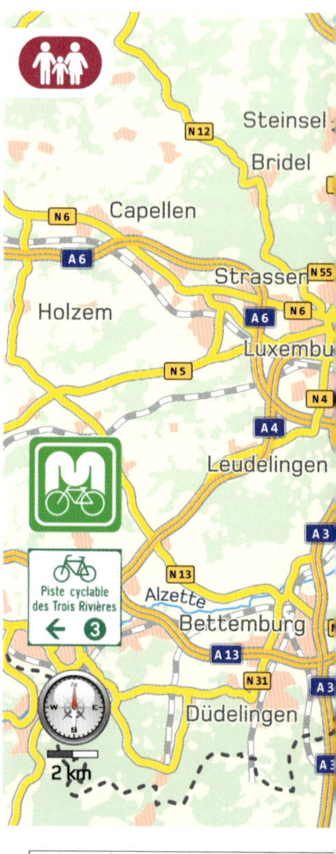

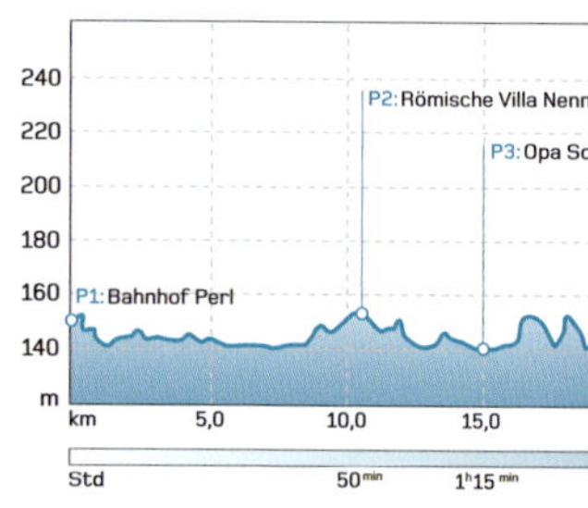

69.3 km | 5h 45min | 625

Anspruch

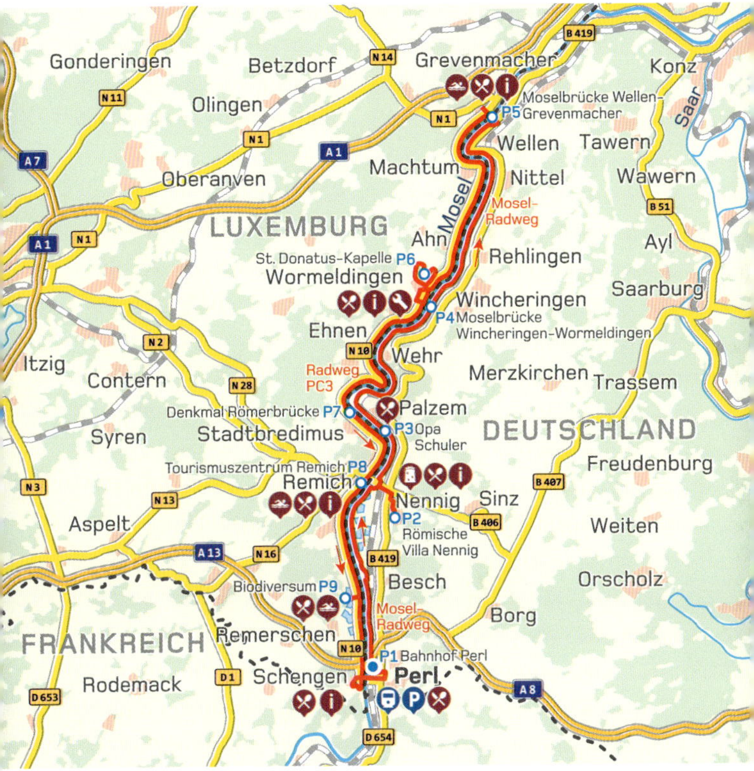

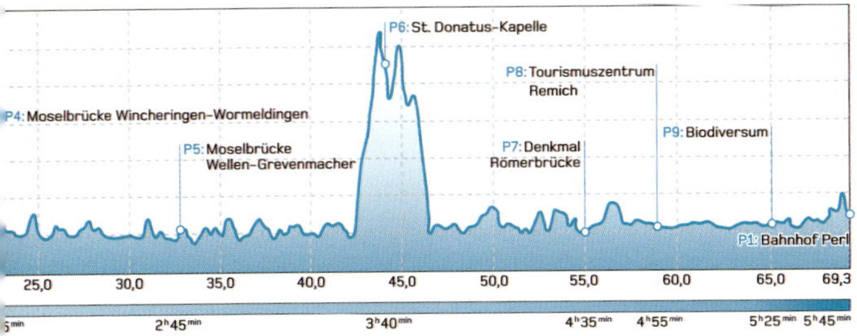

P6: St. Donatus-Kapelle
P8: Tourismuszentrum Remich
P4: Moselbrücke Wincheringen-Wormeldingen
P9: Biodiversum
P5: Moselbrücke Wellen-Grevenmacher
P7: Denkmal Römerbrücke
P1: Bahnhof Perl

25,0 | 30,0 | 35,0 | 40,0 | 45,0 | 50,0 | 55,0 | 60,0 | 65,0 | 69,3

2h45min | 3h40min | 4h35min | 4h55min | 5h25min | 5h45min

Grenzenlos radeln

Los geht es im deutsch-französisch-luxemburgischen Dreiländereck am **Bahnhof Perl (P 1)**, den wir in nördlicher Richtung verlassen. Nach 400 Metern treffen wir auf den Mosel-Radweg und fahren unter der Autobahnbrücke der A 8 hindurch.

P1
Start

Der Flussradweg zieht sich durch Feuchtwiesen entlang der Mosel, die Deutschland und Luxemburg trennt. Nach der Ortschaft Besch ist das Vogelschutzgebiet Moselaue, ein Paradies für Wasser- und Watvögel, einen Halt wert. Rechts blickt man auf eine Vielzahl größerer und kleinerer Kiesweiher und auf der Flussseite bestimmt ein Altarm, die
sogenannte Pferdemosel, den Blick.

An der Moselbrücke Nennig-Remich lohnt sich ein Abstecher zu einer der Hauptsehenswürdigkeiten der Region. Hinter einem unscheinbaren Haus in der Römerstraße befinden sich die Reste der **Römischen Villa Nennig (P 2)**. Die Villa ist für ihren 10 x 16 Meter großen Mosaikfußboden berühmt, der zu den bedeutendsten Beispielen römischer Kunst nördlich der Alpen zählt. Die rund 3 Millionen Einzelsteinchen zeigen unter anderem Szenen von Zirkusspielen. Schon von Weitem ist mit Schloss Berg ein weiteres Highlight Nennigs zu sehen. Das Schloss mit Luxushotel, Casino, Gourmet-Restaurant und dem Landgasthaus in der Scheune überragt die Ortschaft.

P2
10.4 km
50 min

Zurück am Moselufer lockt die schöne Außenterrasse des Restaurants Rothaus zur Einkehr. Danach überquert man vor dem Weingut Schloss Thorn die Landesgrenze vom Saarland nach Rheinland-Pfalz. Der Radweg zieht sich nun an einem der unzähligen Campingplätze entlang, die sich am Moselufer wie an einer Perlenkette aneinanderreihen. Für eine Erfrischungspause bietet sich das **Opa Schuler (P 3)** oder das Hotel zur

P3
15.0 km
1 h 15 min

Moselaue

Schloss Berg

Blick auf Wormeldingen

Moselterrasse in Palzem an. Nach Palzem „begegnen“ uns längs der Radroute mehrere Skulpturen und Plastiken, die zum Skulpturenweg Rheinland-Pfalz gehören.

Nachdem wir eine Moselschleife durch die Weinberge abgekürzt haben, geht es zwischen Bahntrasse und Moselufer auf einem herrlichen Streckenabschnitt weiter zur **Moselbrücke Wincheringen-Wormeldingen (P 4)**. An der Brücke trennen sich **Kurz-** und **Langstrecke**.

*Wer sich für die **Kurzstrecke** entscheidet, fährt über die Grenzbrücke nach Luxemburg, dreht eine Schleife durch Wormeldingen und ist am Moselufer zurück auf der **Langstrecke**.*

Auf der Langstrecke folgt mit Nittel der größte Weinort der Obermosel und der Zentrum des Elbling-Weinbaus. Die Ortschaft liegt reizvoll an einem weiten Flussbogen mit steil oberhalb der Weinberge aufragenden Dolomit- und Kalkfelsen.

Endlose Weinberge

Auf dem Mosel-Radweg

P5
32.8 km
2h 45min

Ein herrliches Panorama! Nach Wellen erreichen wir mit der **Moselbrücke Wellen-Grevenmacher (P 5)** den Wendepunkt der Tour. Nach Überqueren der Grenzbrücke lockt die Weinbau- und Handelsmetropole Grevenmacher zum Bummeln, aber auch mit seinen Weinmanufakturen und Sektkellereien.

Das Pendant zum Mosel-Radweg in Deutschland stellt in Luxemburg der Radweg PC 3 (Piste cyclable des Trois Rivières) dar, dem wir nun moselaufwärts folgen. Verlief der Mosel-Radweg meist abseits der Straße, so ist der PC 3 vielfach als separater Radweg neben der Nationalstraße N 10 angelegt. Nach Grevenmacher fahren wir entlang der Route du Vin und genießen die mediterran anmutende Landschaft. Es folgt die Machtumer Moselschleife mit Blick auf Nittel und den markanten Nitteler Fels.

Am Ortsrand von Wormeldingen zieht uns das repräsentative Gebäude der im Art-déco-Stil gebauten Domaines Vinsmoselle in seinen Bann. Die Winzergenossenschaft ist auf die Produk-

Domaines Vinsmoselle

tion von Crémant, dem traditionell hergestellten Qualitätsschaumwein spezialisiert. Der Crémant de Luxembourg gehört zur Sekt-Spitzenklasse, besticht durch seine Spritzigkeit und Frische und gilt als Aushängeschild der Luxemburger Weinszene. Im Sommer kann man auf der Sonnenterrasse die Produkte der Weinkellerei kosten.

P6
44.2 km
3h 40min

Das Weindorf Wormeldingen liegt am Fuß von Rebhängen, die bis in die Vorgärten der Häuser reichen. Die bekannteste Weinlage, Wormer Koeppchen, wird von der **St. Donatus-Kapelle (P 6)** überragt. Der Heilige Donatus ist der Schutzpatron der Winzer. Pedelec-Fahrern und Radlern mit guter Kondition sei ein Abstecher durch die Weinberge zur Kapelle ans Herz gelegt. Dazu folgt man vom Moselufer der Beschilderung Flaxweiler/Dreiborn sowie Koeppchen zunächst auf der Straße, dann auf Weinbergswegen zur 1925 errichteten Kapelle. Belohnt wird man mit einem unvergleichlichen Blick auf das Moseltal.

Nach dem Abstecher treffen wir in Wormeldingen auf die **Kurzstrecke** und es geht in Ufernähe nach Ehnen. Dort wird das Weinmuseum des historischen Winzerdorfs zum „Centre Mosellan“ umgebaut. Nach zwei Moselschleifen folgt Stadtbredimus, wo auf Höhe der Schleuse ein **Denkmal (P 7)** an die Römerbrücke zwischen Stadtbredimus und Palzem erinnert.

Mit Remich erreichen wir anschließend den meistbesuchten Weinort an der luxemburgischen Mosel. Am Quai drängen sich die Ausflugsschiffe, und auf der Promenade und Gastromeile herrscht meist reger Betrieb. Eindrucksvoll und erschreckend zugleich sind die Hochwassermarken von 1983 und 1947 an der Alten Schule.

Nach dem neuen Wahrzeichen Remichs, dem futuristisch wirkenden **Tourismuszentrum (P 8)**, rollen wir entlang der Esplanade an einladenden Liegewiesen vorbei. Ein prima Fleck zum Ausruhen und Entspannen.

Nach Bech-Kleinmacher mit dem sehenswerten Freilichtmuseum Winzerhaus A Possen weitet sich das Moseltal. Der Radweg PC 3 hat auf dem folgenden Abschnitt die Züge eines Radschnellwegs und bietet kaum Blicke auf die Mosel. Die

Anstieg in den Weinbergen

St. Donatus-Kapelle

Wormer Koeppchen

In Remich

Remicher Haff

gerade, ebene Strecke eignet sich zum „Kilometerfressen". Doch aufgepasst, dabei übersieht man leicht den Abzweig zum Remicher Haff.

Der Abstecher in die malerische Auenlandschaft ist absolut empfehlenswert. Aus ehemaligen Sand- und Kiesgruben entstand ein Naturpark mit herrlichen Weihern. Das Feuchtgebiet ist Heimat vieler Vogelarten und ein beliebter Rastplatz Tausender Zugvögel.

Ein besonderer Hingucker ist das auf einer künstlich geschaffenen Insel errichtete Umweltbildungszentrum Biodiversum **Remicher Haff (P 9)**. Seine Form erinnert an ein riesiges, kopfüber am Strand liegendes Holzboot. Im Sommer lockt das Naturfreifad zum Sprung ins kühle Nass.

Das Naturfreibad

In Schengen

Biodiversum

Der Radweg PC 3 endet in Schengen, dem vielleicht berühmtesten Dorf der Welt und der Wiege des grenzenlosen Europas. Auf dem Fahrgastschiff MS Princesse Marie-Astrid wurde 1985 das Schengener Abkommen unterzeichnet, worauf schrittweise die Schlagbäume und Passkontrollen in den Unterzeichnerstaaten abgebaut wurden.

Am Moselufer erinnern das Europäische Museum Schengen und drei Nationensäulen an das historische Ereignis. Auf den Säulen ist ein Stern für jedes der 26 Unterzeichnerländer eingelassen.

Den Stern zieren „Markenzeichen" des jeweiligen Landes. Für Deutschland sind dies unter anderem das Brandenburger Tor, ein Gartenzwerg und das Ampelmännchen.

Die Nationensäulen

Im Museum

Abschied vom Großherzogtum

Auf dem Platz vor dem Museum flattern die Flaggen der Schengen-Staaten im Wind, und zwei Originalteile der Berliner Mauer stehen symbolisch für die Öffnung und den Wegfall der Grenzen.

Der Eintritt in das Europa Museum Schengen ist frei. Das Museum bietet einen Überblick über das Schengener Abkommen und ermöglicht es dem Besucher, mehr über die Geschichte Europas und den europäischen Einigungsprozess zu erfahren.

Von Schengen radeln wir über die Moselbrücke zurück nach Deutschland und biegen nach dem Kreisverkehr in die Bahnhofstraße ab. Das Hotel-Restaurant Maimühle lädt zum Abschluss der Tour zur Einkehr und zum Verweilen ein, ehe die Runde am **Bahnhof Perl (P 1)** endet.

Fazit

Eine Genusstour wie aus dem Bilderbuch mit herrlichen Natur-, Kultur- und Genusserlebnissen sowohl auf der deutschen wie auf der luxemburgischen Moselseite. Im Sommer die Badesachen einpacken und genug Zeit für die vielen Sehenswürdigkeiten einplanen.

TourTipps

- Tourist-Info Nennig, Bübinger Straße 5, 66706 Perl-Nennig, 06866/1439, www.nennig.de
- Tourist-Info Remich, 1 Route du Vin, 5549 Remich, Luxemburg, 00352/27075416, www.vistremich.lu
- Tourist-Info Schengen Ponton, Rue Robert Goebbels, 5444 Schengen, 00352/23609311, www.schengen-tourist.lu

- Victor's Landgasthaus Die Scheune, Schloßstraße 27-29, 66706 Nennig, 06866/79180, www.victors.de
- Restaurant Rothaus, Rothaus 1, 66706 Nennig, 06866/9118055, www.rothaus-nennig.lu
- P3 Opa Schuler (Campingplatz), Obermoselstraße 1, 54439 Palzem, 06583/678,
- Hotel zur Moselterrasse, Bahnhofstraße 3, 54439 Palzem, 06583/610, www.hotel-zur-moselterrasse.de
- P4 Zur Moselbrücke, Am Bahnhof 4, 54457 Wincheringen, 06583/993260, www.zur-moselbruecke.de
- Bistro Quai, 3 Route du Vin, 6794 Grevenmacher, Luxemburg, 00352/24558775, www.quai.lu
- Le Pavillon Saint Martin, 53 Route de Stadtbredimus, 5570 Remich, Luxemburg, 00352/23669102, www.pavillonsaintmartin.lu
- P8 Um Scheff, 20 Quai de la Moselle, 5553 Remich, Luxemburg, 00352/26378758, www.umscheff.lu
- Bistro „An der Aler Schwemm“, 6 Rue Robert Goebbels, 5444 Schengen, 00352/26665739, www.visitschengen.lu
- Maimühle, Bahnhofstraße 100, 66706 Perl, 06867/9113170, www.maimuehle.de

- Fun Garage S.à r.l., 100 Rue Principale, 5480 Wormeldange, Luxemburg, 00352/671012540, www.fun-garage.eu

- Freibad Remich, Route de Vin, 5576 Remich, Luxemburg, 00352/23698111, www.visitremich.lu
- Baggerweiher Remicher Haff, Bréicherwee, 5441 Remerschen, Luxemburg, 00352/691200220, www.baggerweiher.lu

Tour Download: **BT712X5** (für GPS-Geräte)

Direkt in die App mit scan to go®

Die Saar ist der längste Zufluss der Mosel. Der Unterlauf des Flusses verbindet das Saarland und Rheinland-Pfalz. Die Region bietet spektakuläre Naturerlebnisse wie die Saarschleife und ist für ihre Riesling-Weine bekannt. Radfahrern bietet die Untere Saar familienfreundliche Routen zum Entspannen, Genießen und Erholen.

13 Saar-Radweg

Wir nutzen den Saar-Radweg auf beiden Uferseiten. Die Tour startet am Bahnhof Saarburg und führt zum Wendepunkt an der Saarmündung. Während die Kurzstrecke in Saarburg endet, bietet die Langstrecke eine Zusatzschleife zur Klause Kastel-Staadt und zur Staustufe Serrig.

Start/Ziel: Parkplatz Brückenstraße bzw. Bahnhof Saarburg, Bahnhofstraße 9, 54439 Saarburg

N 49° 36' 23.8" E 6° 33' 24.3"

Anfahrt: B 51 Konz–Mettlach bis Übergang in B 407 in Saarburg, auf die Güterstraße abbiegen und rechts auf den Parkplatz Brückenstraße am Bahnhof Saarburg fahren

Parkplatz: Brückenstraße am Bahnhof Saarburg, gebührenpflichtig

Zug: Saarstrecke Trier–Saarbrücken bis Bahnhof Saarburg

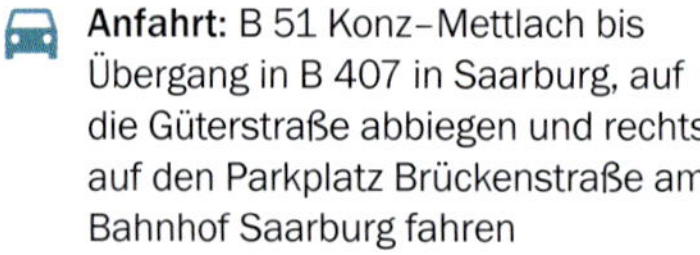

Variante kurz:

30.0 km 2h 30min 200

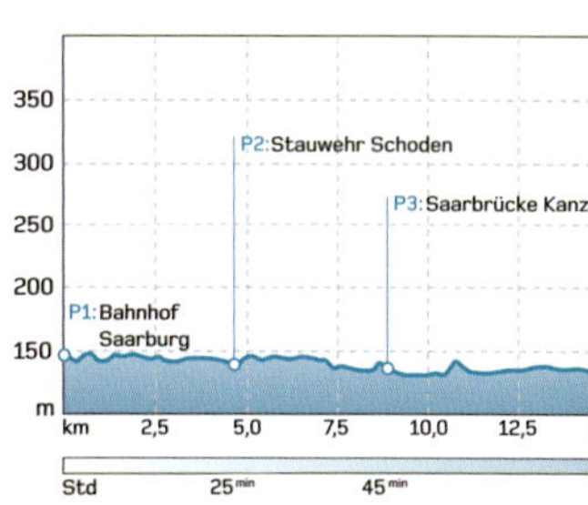

50.7 km | $4^h 15^{min}$ | 575 | Anspruch

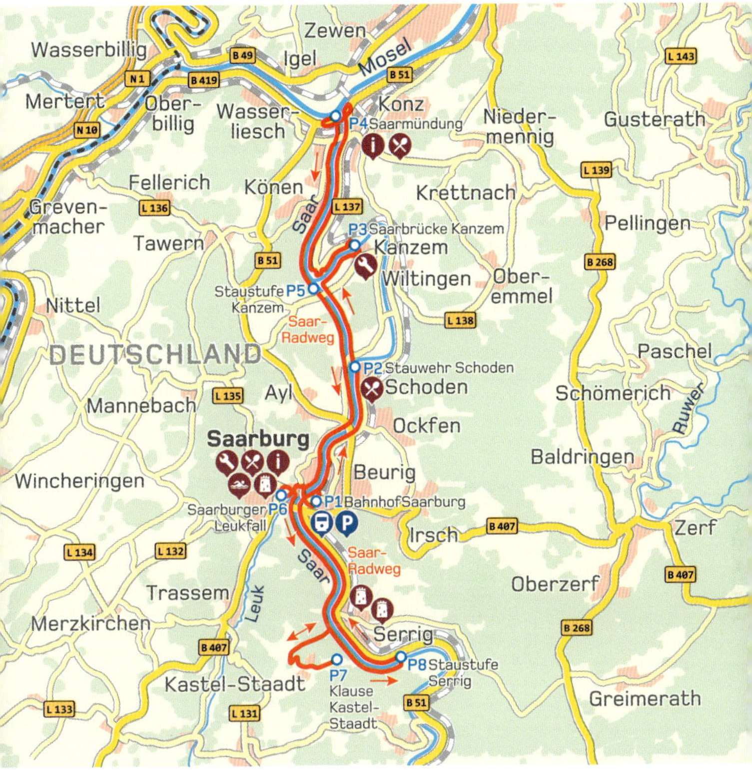

Zewen
Wasserbillig
B 49
Igel
Mosel
L 143
N 1
B 419
B 51
Mertert
Ober-
billig
Wasser-
liesch
Konz
Nieder-
mennig
Gusterath
N 10
P4 Saarmündung
Fellerich
Könen
L 139
Krettnach
Greven-
macher
L 136
Saar
L 137
Pellingen
P3 Saarbrücke Kanzem
Tawern
Kanzem
B 51
Wiltingen
Ober-
emmel
B 268
Staustufe P5
Kanzem
Nittel
Saar-
Radweg
L 138
DEUTSCHLAND
Paschel
P2 Stauwehr Schoden
Schoden
L 135
Ayl
Schömerich
Mannebach
Ruwer
Ockfen
Saarburg
Baldringen
Beurig
Wincheringen
P1 Bahnhof Saarburg
Saarburger P6
Leukfall
B 407
Zerf
Irsch
L 134
L 132
Saar
Saar-
Radweg
B 407
Oberzerf
Trassem
Leuk
Merzkirchen
B 268
Serrig
B 407
P8 Staustufe
Serrig
P7
Klause
Kastel-
Staadt
Kastel-Staadt
Greimerath
L 133
L 131
B 51

P7: Klause Kastel-Staadt
P4: Saarmündung
P6: Saarburger
Leukfall
P5: Staustufe Kanzem
P7: Staustufe Serrig
P1: Bahnhof
Saarburg
17,5
20,0
22,5
25,0
27,5
30,0
32,5
35,0
37,5
40,0
42,5
45,0
47,5
50,7
5min
1h50min
2h25min
3h05min
3h40min
4h15min

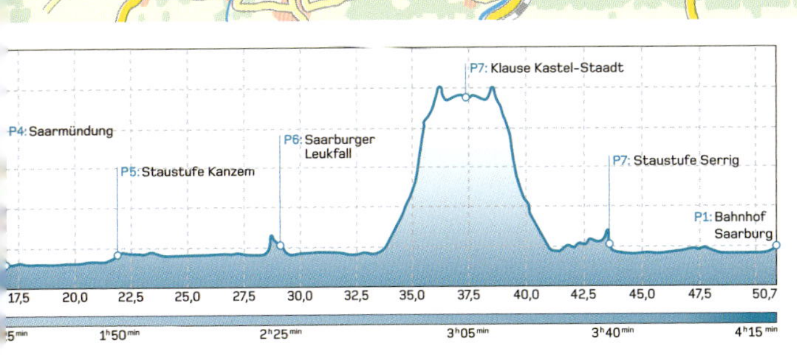

Am sanften Fluss

P1
Start

Wir starten am **Bahnhof Saarburg (P 1)** bzw. dem Parkplatz Brückenstraße. Von dort ist das Saarufer nur ein paar Meter entfernt, wo wir auf den Saar-Radweg treffen. Dieser ist rund 110 km lang und führt von Saargemünd in Frankreich bis zur Saarmündung bei Konz. Unsere Tour beschränkt sich auf den letzten Streckenteil zwischen der Staustufe Serrig und der Mündung in die Mosel.

Auf diesem Abschnitt präsentiert sich der Saar-Radweg als Flussradweg wie aus dem Bilderbuch, zudem besteht eine Wegführung auf beiden Flussseiten. Informativ sind sogenannte Lauschpunkte am Streckenrand, die spannende Hörerlebnisse bieten, und als App heruntergeladen werden können. Einziger Nachteil der Route ist, dass sie recht befahren ist.

Nach Saarburg geht es saarabwärts durch die Flussebene. Vor Schoden verengt sich das Tal, und der Bismarckturm ziert den Uferhang. In Schoden kommen wir am Kanuverleih und dem Multi-Kulti Fun-Beach vorbei, ehe wir das **Stauwehr Schoden (P 2)** passieren. Das Wehr teilt den Fluss und trennt den schiffbaren Saarkanal vom Altarm der Saar, dem Wiltinger Bogen.

P2
4.6 km
25 min

Nach dem herrlichen Blick vom Stauwehr auf die Weinberge mit dem markanten Gebäudekomplex der Weinmanufaktur Van Volxem wird unsere Route vorübergehend zur Inseltour. Wir befinden uns auf der Saarinsel, die dank Kanal und Saaraltarm rundum von Wasser umgeben ist. Der Saar-Radweg folgt der Schifffahrtsstraße zur Staustufe Kanzem, wo wir den Saarkanal verlassen und entlang des alten Flussbetts weiterfahren.

Am Saarufer

An der Saarmündung

P3
8.8 km
45min

Mit Kanzem folgt ein pittoreskes Winzerdorf mit alten Häusern und netten Gassen. Über die **Saarbrücke Kanzem (P 3)** kehren wir ans Festland zurück. Auf der rechten Seite liegt das Weingut des Fernsehmoderators Günther Jauch.

Der prominente Teilzeitwinzer hat 2010 das altehrwürdige Weingut von Othegraven erworben. Der Saar-Radweg zweigt nach der Brücke links ab und erlaubt einen Blick auf das eindrucksvolle Barockgutshaus des Weinguts Cantzheim.

P4
16.7 km
1h 25min

In Hamm vereinen sich Saaraltarm und Saarkanal, ehe wir in Konz auf die Saarmündung treffen. Am nördlichen Wendepunkt der Tour angelangt, folgen wir dem Mosel-Radweg über die Saarbrücke und erreichen, zurück auf dem Saar-Radweg, die „offizielle" **Saarmündung (P 4)**.

Steinstufen machen den Uferbereich von Mosel und Saar zugänglich, und eine dreieckige Steinskulptur dient als Ort der Ruhe. Ein schöner Ort zum Entspannen und Genießen.

Blumenpracht in Saarburg

Panoramablick auf Saarburg

Anschließend folgen wir dem linken Saarufer, passieren die **Staustufe Kanzem (P 5)** und fahren am Saarkanal entlang zur nächsten Staustufe bei Schoden. Weiter geht es durch die mediterran anmutende Landschaft mit Blick auf die Weinberge. Nächster Höhepunkt ist Saarburg.

P5
21.9 km
1h 50min

Das Städtchen ist eine Augenweide und wirkt mit seinen vielen kleinen Brücken, der Blumenpracht und den Terrassen der Cafés wie ein Klein-Venedig oder Bella Italia an der Saar. Einen Stadtbummel sollte man sich nicht entgehen lassen.

Die Hauptattraktionen der Stadt sind die Burgruine Saarburg, die auf einer steilen Hangkante über der Stadt thront, und der **Saarburger Leukfall (P 6)**.

P6
29.2 km
2h 25min

Mitten in der historischen Altstadt stürzt sich der im Mittelalter in den Ort geleitete Leukbach als Wasserfall 20 Meter in die Tiefe und treibt die Räder des Mühlenmuseums in der Unterstadt an. Die Kopfsteinpflasterpassage den steilen Lau-

Leukfall

Ober- und Unterstadt

Blick zur Burg

rentiusberg hinab in die Unterstadt mit ihren kleinen, bunten Fischer- und Schifferhäusern sollte man schieben. Nach dem Bummel durch Saarburg müssen wir uns zwischen **Kurz-** und **Langstrecke** entscheiden.

Da die **Kurzstrecke** *nach Überqueren der Saarbrücke am* **Bahnhof Saarburg (P 1)** *endet, bleibt Zeit für weitere Entdeckungen. Mit der Saarburger Sesselbahn sowie den drei Museen Glockengießerei Mabilon, Mühlenmuseum und Amüseum bieten sich genug Ziele. Oder man genießt am Flussufer den Blick auf Saarburg und das südliche Flair.*

Auf der **Langstrecke** folgen wir dem Saar-Radweg über Krutweiler nach Süden und müssen uns in Staadt entscheiden, ob wir einen Abstecher zur hoch über dem Saarufer gelegenen Klause Kastel-Staadt (Achtung: aktuelle Öffnungszeiten beachten! www.saar-obermosel.de) unternehmen.

Der lange Anstieg zur Klause ist mit dem Pedelec gut zu bewältigen, ohne Motorunterstützung ist die Steigung nur trainierten Radlern zu empfehlen. Die Spritztour führt auf einem kleinen Sträßchen den Saarhang hinauf nach Kastel-Staadt, ehe es auf dem Hochplateau zum Eingangsportal des Landesdenkmals geht.

Die **Klause Kastel-Staadt (P 7)** liegt spektakulär auf der Spitze eines Buntsandsteinfelsens über dem Saartal und bietet einen atemberaubenden Blick auf die Landschaft. Die Klause ist zugleich ein mystischer Ort. Die von Karl Friedrich Schinkel errichtete Grabkapelle war zeitweise die Ruhestätte des erblindeten Johann von Luxemburg, König von Böhmen. 1946 wurden dessen Gebeine in die Krypta der Kathedrale Notre Dame in Luxemburg überführt.

Zurück an der Saar folgt ein 200 Meter langer unbefestigter Wegabschnitt durch ein Schutzgebiet am steilen Uferhang, ehe wir die **Staustufe Serrig (P 8)** und damit den südlichen Wendepunkt der Tour erreichen. Auf dem Rückweg können wir den herrlichen Blick auf das Durchbruchstal der Saar mit dem Weingut Würtzberg auf der einen Hangseite und der Klause

Blick auf Saarburg

Klause Kastel-Staadt

Am Saarufer

Blick von der Klause

Weingut Würtzberg

Abschluss der Tour

Kastel-Staadt am anderen Ufer genießen. Rechter Hand zieht sich Serrig, das „Tor zum Saarwein", den Hang hinauf.

Von Süden kommend, beginnen hier die Rebflächen der Saar. An den steilen Schieferhängen wächst der legendäre Saar-Riesling, der zu den bedeutendsten Weißweinen Deutschlands zählt. Serrig verabschiedet sich mit dem traumhaft in den Weinbergen gelegenen Schloss Saarstein, ehe wir mit Saarburg den Ausgangspunkt unserer Tour erreichen. Bevor wir zum **Bahnhof Saarburg (P 1)** zurückkehren, lockt das Saarufer zum Entspannen. Mit dem Biergarten des Hotels Villa Keller befindet sich eine exzellente Einkehrgelegenheit direkt am Weg.

Pause am Saarufer

Fazit

Eine meiner Lieblingsrouten! Die Radrunde an der Unteren Saar ist perfekt für Familien und Genussradler. Die Tour lädt zum Verweilen, Schauen, Träumen, Bummeln und Genießen ein. Für den Abstecher zur Klause Kastel-Staadt empfiehlt sich auf jeden Fall ein Pedelec.

TourTipps

- Tourist-Info Konz, Saarstraße 1, 54329 Konz, 06501/6018040, www.saar-obermosel.de
- Tourist-Info Saarburg, Graf-Siegfried-Straße 32, 54439 Saarburg, 06581/995980, www.saar-obermosel.de

- Hotel Villa Keller mit Keller's Wirtshaus und Biergarten, Brückenstraße 1, 54439 Saarburg, 06581/92910, www.villa-keller.de
- P2 Multi-Kulti Fun-Beach, Hauptstraße 57a, 54441 Schoden, 0171/6978769
- P4 Ratskeller, Am Markt 11, 54329 Konz, 06501/180753
- Café Urban in der KulturGießerei, Staden 130, 54439 Saarburg, 06581/2336, www.kulturgiesserei-saarburg.de
- Restaurant Fährhaus, Staden 41, 54439 Saarburg, 06581/9999520, www.restaurant-fewo-fährhaus.de
- Hotel am Markt, Am Markt 10-16, 54439 Saarburg, 06581/92620, www.saarburg-hotel-am-markt.de
- P6 Trattoria Bella Vista, Kunohof 3, 54439 Saarburg, 06581/997619, www.trattoria-bellavista.de

- Zweirad Schlöder, Brückenstraße 17, 54441 Kanzem, 06501/13089
- Bike Passion Konz, Konstantinstraße 1, 54329 Konz, 06501/12196, www.bike-passion.de
- Bike Passion Saarburg, Boemundhof 12, 54439 Saarburg, 06581/9967700, www.bike-passion.de

- Freizeitbad Saarburg, Am Cityparkplatz 1, 54439 Saarburg, 06581/988700, www.freizeitbaeder-saarburg.de

Tour Download: **BT713X4** (für GPS-Geräte)

Direkt in die App mit scan to go®

14 Tälchen-Runde

Vom Bahnhof Konz führt die Tour saaraufwärts zum Stauwehr Schoden. Weiter geht es entlang des Wiltinger Saarbogens über Wiltingen und durch das Konzer Tälchen. Zurück in Konz, bietet die Langstrecke eine Zusatzschleife zum Freilichtmuseum Roscheider Hof.

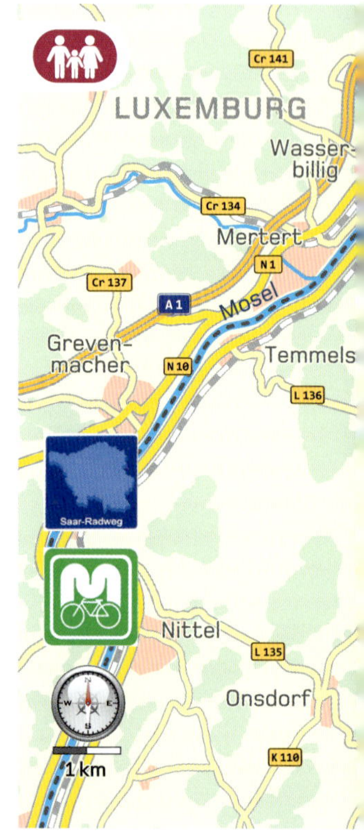

Start/Ziel: Bahnhof Konz, Bahnhofstraße 35, 54329 Konz

N 49° 41' 43.6" E 6° 34' 22.8"

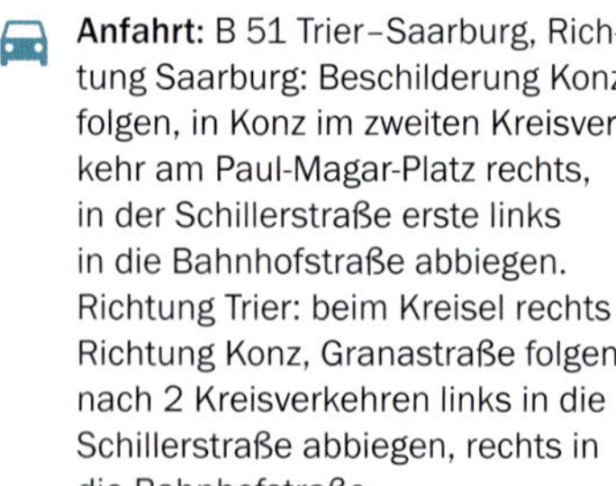

Anfahrt: B 51 Trier–Saarburg, Richtung Saarburg: Beschilderung Konz folgen, in Konz im zweiten Kreisverkehr am Paul-Magar-Platz rechts, in der Schillerstraße erste links in die Bahnhofstraße abbiegen. Richtung Trier: beim Kreisel rechts Richtung Konz, Granastraße folgen, nach 2 Kreisverkehren links in die Schillerstraße abbiegen, rechts in die Bahnhofstraße

Parkplatz: am Bahnhof Konz, Bahnhofstraße, 54329 Konz

Zug: Saarstrecke Trier–Saarbrücken bis Bahnhof Konz

Variante kurz:

26.4 km 2h 10min 235

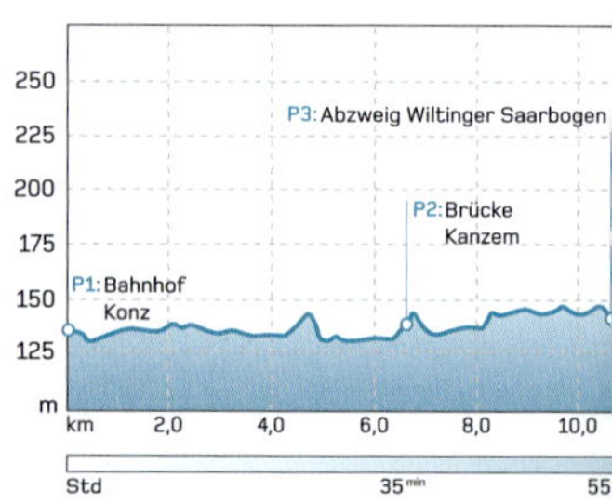

405

Sauer
B 418
Liersberg
Langsur
K 3
K 2
K 2
Zewen
K 1
Mosel-
Radweg
Feyen
B 51
P9 Estricher Hof
B 268
B 49
Igel
B 419
Mosel
Ober-
billig
Wasser-
liesch
Freilichtmuseum
P8 Roscheider Hof
K 135
Bahnhof P1
Konz
P7 Bike-Passion
Niedermennig
DEUTSCHLAND
Konz
P6
Nieder-
menning
L 138
Ober
mennig
Saar-
Radweg
B 51
Kommlingen
L 139
Könen
L 137
K 133
Tawern
Krettnach
K 112
Filzen
Saar
K 136
L 138
P2 Brücke Kanzem
K 110
L 136
Kanzem
Wiltingen
P5 Maximiner Platz
Oberemmel
K 132
P4 Wiltinger
Saardom
K 112
Wawern
Saar-
Radweg
L 137
L 138
Biebel-
hausen
P3
Abzweig
Wiltinger
Saarbogen
Schoden
Mannebach
Ayl
K 131

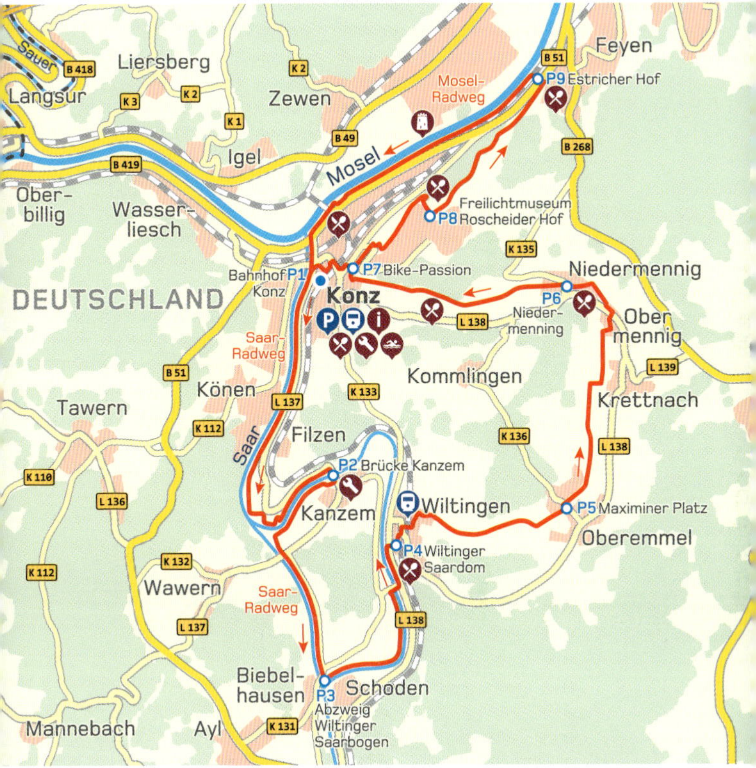

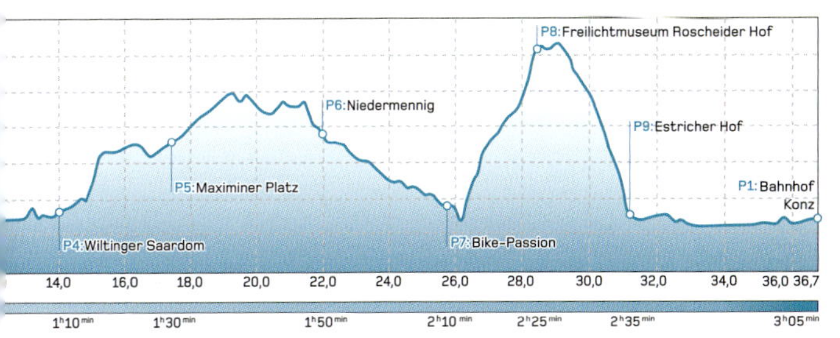

Wilde Schönheit

P1
Start

Los geht es am **Bahnhof Konz (P 1)**, von dem wir durch die Brückenstraße, vorbei an der Tourist-Info, zum Saarufer gelangen. Dort treffen wir auf den Saar-Radweg, dem wir flussaufwärts folgen. Es empfiehlt sich, die Runde gegen den Uhrzeigersinn zu fahren, so kann man gegen Ende der Tour zwischen Kurz- und Langstrecke wählen.

Der Radweg führt entlang der Saar nach Hamm, wo sich der Fluss teilt. Für die Schifffahrt wurde die Saar zwischen den Schleusen Kanzem und Schoden kanalisiert. Zusätzlich blieb der Saaraltarm, der sog. Wiltinger Bogen, erhalten.

P2
6.6 km
35min

Wir setzen unsere Fahrt am landschaftlich herrlichen Altarm der Saar fort und erreichen bei dem Weingut Cantzheim die **Brücke Kanzem (P 2)**. Geradeaus geht es zu dem Weingut Othegraven, das 2010 von dem Fernsehmoderator Günter Jauch erworben wurde. Wir sind jedoch „reif für die Insel" und überqueren die Saarbrücke.

Das Winzerdorf Kanzem verdankt seine Insellage dem Saarkanal und dem Saaraltarm, die die künstlich geschaffene Insel umgeben. Kanzem war über Jahrhunderte Teil des Herzogtums Luxemburg und bildete zusammen mit Wiltingen eine Exklave im Kurfürstentum Trier. Das Winzerdorf beeindruckt mit vielen alten Häusern und netten Gassen.

Sodann folgen wir erneut dem Saaraltarm und gelangen bei der Staustufe Kanzem zum Saarkanal. Entlang der Wasserstraße setzen wir unsere Inselfahrt fort und verlassen den Saar-Radweg vor dem Stauwehr Schoden am Abzweig des

Am Saarufer

Brücke Kanzem

Blick am Stauwehr Schoden

Wiltinger Saarbogen

P3
10.7 km
55min

Wiltinger Saarbogens (P 3). Aufgrund der engen Flussbiegungen und des starken Gefälles konnte dieser Saarabschnitt für Schiffe nicht ausgebaut werden. Der Radweg entlang des Altarms und durch das Konzer Tälchen ist nicht mit einem Themenlogo markiert.

Dafür ist die Tälchen-Runde eine Art Geheimtipp abseits des Trubels. Zur Orientierung sollte man ein Bike-Navi nutzen. Wir radeln unterhalb des Weinguts Van Volxem an der Flussaue entlang und können die wilde Schönheit des Naturschutzgebiets Wiltinger Saarbogen genießen. Vor Wiltingen verlassen wir die Saarinsel und wechseln auf das Festland. Mit Wiltingen erreichen wir die größte Weinbaugemeinde der Saar. Das Ortsbild prägen mehrere repräsentative Gründerzeitvillen.

Im Winzerdorf Kanzem

Steinskulptur Tulp uit Amsterdam

Am Saaraltarm entlang

Wiltingen ist für seine ausgezeichneten Weinlagen und Weingüter bekannt, allen voran der weltbekannte Scharzhofberg des Weinguts Egon Müller Scharzhof. Wir durchqueren den Ort und kommen an der Pfarrkirche St. Martin, dem **Wiltinger Saardom (P 4),** vorbei.

P4
14.0 km
1h 10min

Ein paar Meter nach dem Wahrzeichen Wiltingens zweigt die Straße „In Ägypten" zum Saarufer ab. Eine Erklärung des Namens fußt auf dem Vergleich der Überschwemmungen biblischen Ausmaßes an Saar und Nil.

Nach dem bislang flachen Streckenverlauf haben wir zwischen Wiltingen und Oberemmel einen Anstieg vor der Brust. Die Route führt durch die breite, sanft geschwungene Talschlei-

Blick auf Wiltingen

Wiltinger Saardom

fe des Konzer Tälchens und folgt damit einer Flussschleife der Ur-Mosel, die vor Jahrmillionen von Wasserliesch über Wiltingen nach Konz floss. In Oberemmel kommen wir am Maximiner Platz (P 5) vorbei und passieren am Ortsende die einstige Pfarrkirche St. Briktius und das stattliche Herrenhaus des Weinguts von Höfel, den früheren Fronhof der Trierer Abtei St. Maximin.

Die Landschaft ist landwirtschaftlich geprägt. Rebflächen, Wiesen, Äcker, Pferdeweiden und Streuobstbestände bestimmen das Bild. Bei Sonne und Wind bieten die freien Flächen jedoch wenig Schutz. Auf der Tälchen-Runde folgen die Winzerdörfer Ober- und Niedermennig (P 6), ehe der Radweg in Nähe des Konzer Baches talwärts führt.

Das an einem Angelweiher gelegene Fischerhaus mit seiner herrlichen Aussichtsterrasse kommt für eine Erfrischungspause wie gerufen. Gut erholt erreichen wir nach dem Schul- und Sportzentrum in Konz das Fahrradgeschäft Bike Passion (P 7), wo wir uns zwischen Kurz- und Langstrecke entscheiden müssen.

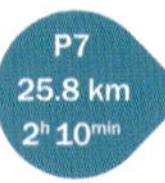

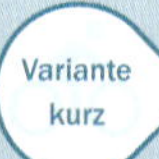

Auf der Kurzstrecke folgen wir der Beschilderung in Richtung Zentrum. Nach dem Kreisverkehr am Paul-Magar-Platz geht es über die Bahnbrücke, ehe wir zum Bahnhof abbiegen, wo eine restaurierte Dampflok der Baureihe 64 an die Tradition der Stadt als Eisenbahnknotenpunkt erinnert. (Familienrunde)

Die Langstrecke beginnt mit einer anstrengenden Steigung. Auf dem Panoramaweg strampeln wir in Serpentinen hinauf zum hoch über dem Moseltal gelegenen Freilichtmuseum Roscheider Hof (P 8). Mit einem Pedelec ist der Anstieg gut zu bewältigen. Ohne Motorunterstützung braucht man gute Kondition. Die letzten Meter auf losem Untergrund muss man ggf. schieben.

Das Freilichtmuseum bietet einen vorzüglichen Einblick in das alltägliche Leben unserer Vorfahren. Auf dem Freigelände wurden zahlreiche Häuser und Höfe aus dem 19. Jahrhundert

Landlust pur

Ehemalige Pfarrkirche St. Briktius

Im Konzer Tälchen

Angelweiher beim Fischerhaus

Am Bahnhof Konz

Kaiservilla Konz

originalgetreu wiederaufgebaut und möbliert. Zudem lockt der Roscheider Hof mit einem herrlichen Biergarten. Das Wirtshaus ist auch nach Schließung des Museums geöffnet.

P9
31.4 km
2h 35min

Nach dem Freilichtmuseum folgen wir der Beschilderung „Estricher Hof". Die Strecke zieht sich entlang des Moselhangs hinab ins Tal und gewährt herrliche Blicke über die weite Trierer Bucht. Ein Teil der Abfahrtsstrecke ist jedoch geschottert. Am **Estricher Hof (P 9)** mit seinem netten Naturbiergarten angekommen, rollen wir unter der B 51 hindurch zum Moselufer. Am Fluss ist entspanntes Ausradeln auf dem Mosel-Radweg angesagt.

P1/Ziel
36.7 km
3h 05min

Vor der Saarmündung zweigen wir kurz auf den Saar-Radweg ab und folgen in Konz der Beschilderung zur Tourist-Info. Am **Bahnhof Konz (P 1)** angelangt, lohnt sich ein Abstecher über die Bahngleise hinweg zur spätrömischen Kaiservilla.

Rund 350 nach Christus errichteten die Römer am Platz der heutigen Kirche St. Nikolaus eine kaiserliche Sommerresidenz. Leider sind nur Ruinenreste der stattlichen Anlage erhalten geblieben. Sie umfassen Teile der Stützmauer und der Badeanlage. Die Kaiservilla ist dennoch ein eindrucksvoller Ort und schöner Abschluss der Tour!

Fazit

Eine herrliche Genusstour, die auch als Feierabendrunde geeignet ist. Die Route kombiniert einen wunderbaren Abschnitt des Saar-Radwegs mit der Fahrt durch das Konzer Tälchen, ein Geheimtipp abseits des Trubels. Auf der Langstrecke empfiehlt sich ein Pedelec.

Tour Tipps

- Tourist-Info Konz, Saarstraße 1, 54329 Konz, 06501/6018040, www.saar-obermosel.de

- Ratskeller, Am Markt 11, 54329 Konz, 06501/180753
- Gasthaus Kratz, Bahnhofstraße 55, 54459 Wiltingen, 06501/604678, www.gasthaus-kratz.de
- Landhaus Euchariusberg, Am Großschock 7,54329 Konz-Obermennig, 06501/13362, www.euchariusberg.de
- Restaurant Hygge, Im Sonnenschein 15, 54329 Konz-Niedermennig, 06501/946169, www.restaurant-hygge.de
- P6 Das Fischerhaus, In der Lommel, 54329 Konz, 06501/2676
- P8 Wirtshaus Roscheider Hof, Roscheiderhof 1, 54329 Konz, 06501/9311997, www.wirtshaus-roscheiderhof.de
- P9 Estricher Hof, Estricher Hof 85, 54296 Trier, 0651/938040, www.estricherhof.de
- Gasthaus an der Saarmündung, Campingplatz Konz, Am Moselufer 1, 54329 Konz, 06501/9699010, www.campingplatz-konz.de

- Zweirad Schlöder, Brückenstraße 17, 54441 Kanzem, 06501/13089
- Bike Passion Konz, Konstantinstraße 1, 54329 Konz, 06501/12196, www.bike-passion.de

- Saar-Mosel-Bad, Am Stadion 4, 54329 Konz, 06501/6092170, www.konz.eu

Am Moselufer

Tour Download: **BT714X3** (für GPS-Geräte)

Direkt in die App mit scan to go®

15 Saar-Hunsrück-Ruwer-Mosel

Die Tour verbindet mit dem Saar-, Hunsrück-, Ruwer-Hochwald- und Mosel-Radweg vier Radwege. Von Saarburg geht es hoch hinaus nach Zerf, ehe in Ruwer das Moseltal erreicht wird und die Strecke entlang Mosel und Saar über Trier und Konz zurück nach Saarburg führt.

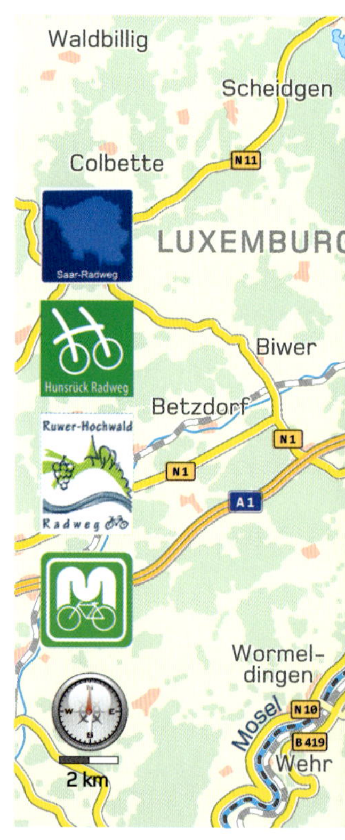

Start/Ziel: Parkplatz Brückenstraße bzw. Bahnhof Saarburg, Bahnhofstraße 9, 54439 Saarburg

N 49° 36' 23.8" E 6° 33' 24.3"

Anfahrt: B 51 Konz–Mettlach bis Übergang in B 407 in Saarburg, auf die Güterstraße abbiegen und rechts auf den Parkplatz Brückenstraße am Bahnhof Saarburg fahren

Parkplatz: Brückenstraße am Bahnhof Saarburg, gebührenpflichtig

Zug: Saarstrecke Trier–Saarbrücken bis Bahnhof Saarburg

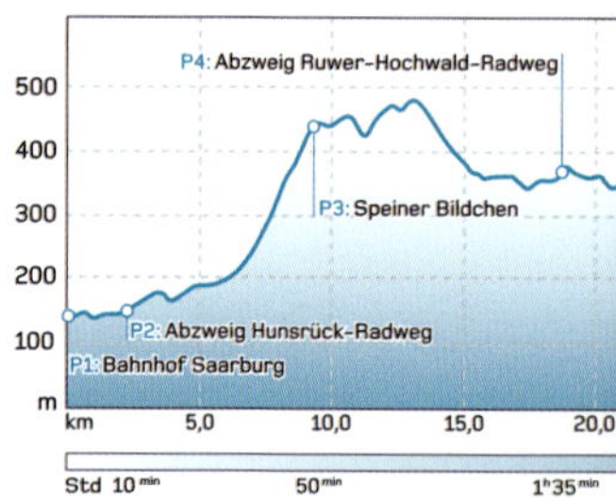

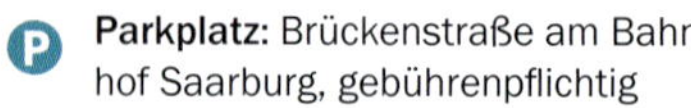

Variante kurz:

52.7 km 4h 25min 895 ↑ ↓ 905

72.0 km | 6h | 980 ↑↓

Anspruch

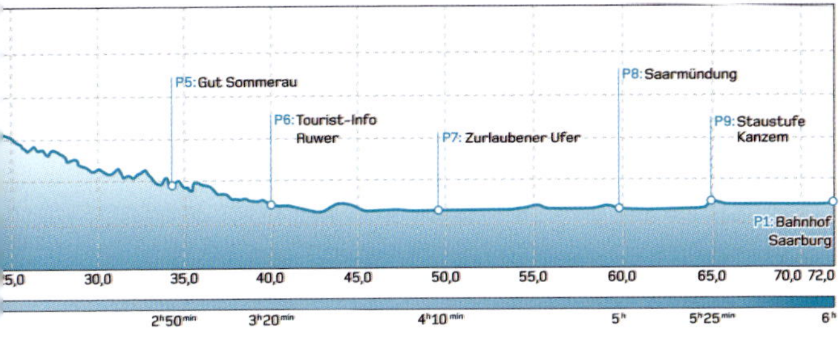

Ralingen
sweiler
Dickweiler
Sauer
B 418
N 10
DEUTSCHLAND
Aach
B 51
Trier-weiler
A 64
Pfalzel
B 53
A 602
Ruwer
L 151
A 1
Mertesdorf
L 150
Kasel
P6
Tourist-Info Ruwer
Waldrach
L 149
Morscheid
Osburg
B 49
P7 Zürlaubener Ufer
Trier
L 143
Mosel-Radweg
Zewen
Mosel
B 51
Gutweiler
P5 Gut Sommerau
Gusterath
B 268
Wasser-billig
Mertert
B 419
Igel
Wasser-liesch
P8 Saarmündung
Konz
L 139
L 146
Greven-macher
L 136
Saar
Schöndorf
Tawern
Kanzem
L 138
L 137
Ober-emmel
Ruwer-Hochwald-Radweg
Staustufe Kanzem P9
Wiltingen
Nittel
Saar-Radweg
Schoden
L 143
L 135
B 51
Ockfen
Ruwer
Schillingen
Saarburg
P2 Abzweig Hunsrück-Radweg
Abzweig Ruwer-Hochwald-Radweg
P4
incher-gen
Irsch
Speiner
P3 Bildchen
P1 Bf. Saarburg
L 134
L 132
B 407
B 407
Zerf
Hunsrück-Radweg
B 407
Saar
B 51
Trassem
erzkirchen
Serrig

P5: Gut Sommerau
P6: Tourist-Info Ruwer
P7: Zurlaubener Ufer
P8: Saarmündung
P9: Staustufe Kanzem
P1: Bahnhof Saarburg

25,0 | 30,0 | 35,0 | 40,0 | 45,0 | 50,0 | 55,0 | 60,0 | 65,0 | 70,0 | 72,0

2h50min | 3h20min | 4h10min | 5h | 5h25min | 6h

Auf und ab

P1
Start

Wir starten am **Bahnhof Saarburg (P 1)**, von dem die Saar nur ein paar Meter entfernt ist. Am Ufer bietet sich uns das Postkartenpanorama von Saarburg mit der hoch über der Stadt auf einer Hangkante thronenden Burgruine.

P2
2.2 km
10min

Der Saar-Radweg dient anschließend als gemütliche Einrollstrecke, ehe wir bei der Unteren Kaselmühle auf den **Hunsrück-Radweg (P 2)** abzweigen. Am Rand des alten Flussbetts der Saar, die einst von Saarburg über Irsch nach Ockfen floss, setzen wir die Fahrt fort. Es folgt der von Weinbergen, Wiesen und Wäldern umgebene Weinort Irsch.

Am Ortsrand der ältesten Weinbaugemeinde der Saar beginnt der sportliche Anstieg auf die Hunsrückhöhe. Im engen Büsterbachtal kurbeln wir auf einem Kreuzweg den steilen Hang auf die Hochfläche hinauf. Hier lohnt sich ein Pedelec, mit dem die Steigung gut zu bewältigen ist.

P3
9.5 km
50min

Ohne Motorunterstützung ist insbesondere der Schlussanstieg eine anstrengende Herausforderung. Auf der Höhe angekommen, lohnt sich ein Abstecher zu einer an der Hunsrückhöhenstraße gelegenen kleinen Kapelle mit dem **Bildstock Speiner Bildchen (P 3)**.

Der Hunsrück-Radweg führt im Zickzack über die landwirtschaftlich geprägte Hochfläche mit verstreut liegenden Einzelhöfen. Die freien Feld-, Wiesen- und Weideflächen erlauben herrliche Weitblicke, sind jedoch Sonne und Wind schutzlos ausgesetzt. Beim Reiterhof Kalfertshaus haben wir den höchsten Punkt der Strecke erreicht, und können uns auf die Abfahrt vom Campingplatz Rübezahl hinab nach Oberzerf freuen.

Pause am Kreuzweg

Speiner Bildchen

P4
18.8 km
1h 35min

In dem dünn besiedelten Gebiet sind Einkehrgelegenheiten rar gesät. Der Landgasthof „Die Winzerpost“ in Niederzerf kommt wie gerufen. Nach der Verpflegungspause radeln wir gut erholt an der sehenswerten Pfarrkirche St. Laurentius vorbei und treffen auf den am Ortsrand gelegenen ehemaligen Bahnhof Zerf, wo wir auf den **Ruwer-Hochwald-Radweg (P 4)** abzweigen. Die folgenden 25 km sind der Traum eines jeden Radlers.

Die Strecke folgt dem Verlauf der früheren Hochwaldbahn, die den Hunsrück mit dem Moseltal verband. Auf dem Asphaltband des Bahntrassenradwegs rollen wir, ohne groß in die Pedale treten zu müssen, hinab zur Mosel.

Die Tour führt am Hang des Ruwertals durch einsame Wälder und schlängelt sich mal rechts, mal links der Ruwer talwärts. Die Route ist seitlich mit Farnen, Büschen und Bäumen eingewachsen, bietet als Abwechselung aber auch Abschnitte durch offenes Gelände mit herrlichen Weitblicken.

Nach Pluwigerhammer können wir im Vorbeifahren einen Blick auf die Fabrikgebäude der ehemaligen Romika-Schuhfabrik erhaschen, ehe mit dem Gasthaus Reh und dem **Gut Sommerau (P 5)** zwei einladende Gastwirtschaften direkt am Wegrand liegen. Der in einen

Rast auf der Hochebene

St. Laurentius in Niederzerf

Auf der Hochfläche

Talkessel eingebettete Ort Sommerau bietet mit der Burgruine Sommerau und der Weinlage Schlossberg, eine der steilsten im Ruwertal, zwei besondere Höhepunkte. Den Abstecher von Gut Sommerau zur nahen Burgruine sollte man sich nicht entgehen lassen. Ab Sommerau pedalieren wir in der bewaldeten Ruweraue an mehreren Mühlen vorbei und gelangen nach Waldrach.

P6
40.0 km
$3^h 20^{min}$

Nach dem größten Weinort im Ruwertal ist die Landschaft vom Weinbau geprägt. Der Ruwer-Riesling zeichnet sich durch Spritzigkeit, zartfruchtige Aromen und seine Leichtigkeit aus. In Kasel führt die Route direkt an der Tourist-Info Ruwer (P 6) vorbei. Zahlreiche Weingüter, Straußwirtschaften und Gasthäuser liegen am Streckenrand und bieten sich zum Besuch an.

In Ruwer erreichen wir das Moseltal, und der Ruwer-Hochwald-Radweg endet in Nähe des ehemaligen Bahnhofs. Doch Richtung Trier setzt sich ein gut ausgebauter Radweg fort. Wir fahren am Fuß des Moselhangs entlang und kommen von

Blick auf Sommerau

Norden her nach Trier, wo uns die Route durch ein Gewerbegebiet vorbei am Trierer Verteilerkreis zum Moselufer führt. Dort ist der Moselstrand beim Freibad Nord ein beliebter Treffpunkt. Ein Stück moselaufwärts lockt die Gastronomie am Zurlaubener Ufer (P 7). In den kleinen Häuschen lebten früher Fischer und Schiffer.

P7
49.8 km
4h 10min

Das ehemalige Fischerdorf wird auch wegen des herrlichen Blicks auf die roten Sandsteinfelsen am gegenüberliegenden Ufer von Einheimischen und Touristen gleichermaßen geschätzt. Vom Zurlaubener Ufer sind die Sehenswürdigkeiten der Innenstadt wie Porta Nigra, Dom, Liebfrauenkirche und Konstantin-Basilika nicht weit entfernt.

Von Zurlauben folgen wir dem Mosel-Radweg auf der rechten Uferseite flussabwärts, wo zwei alte Moselkräne die nächsten Hingucker bilden. Anschließend rollen wir unter der Römerbrücke hindurch und können rund 750 Meter nach der ältesten Brücke Deutschlands zwischen Kurz- und Langstrecke wählen.

Am Ruwer-Hochwald-Radweg

Am Zurlaubener Ufer

Mosel-Radweg

Blick auf die Saarmündung

Die ***Kurzstrecke*** *zweigt vom Moselufer zum Bahnhof Trier-Süd ab, wo wir mit der Bahn nach Saarburg zurückfahren und uns rund 20 km auf dem Fahrrad sparen können.*

Auf der **Langstrecke** geht es auf dem breiten Radweg direkt an der Mosel entlang. Ein herrlicher Streckenabschnitt. Wir passieren die Staustufe Trier und rollen nach der Eisenbahnbrücke am Gasthaus an der Saarmündung vorbei.

P8
59.8 km
5h

Anschließend folgen wir dem Mosel-Radweg über die Saarbrücke und biegen am Fuß der Brückenauffahrt auf den Saar-Radweg ab, wo nach ein paar Metern der Rastplatz an der **Saarmündung (P 8)** zur nächsten Verschnaufpause einlädt. Ein schöner Ort zum Schauen, Entspannen und Genießen.

Nun folgen wir dem linken Saarufer zur **Staustufe Kanzem (P 9)**, ehe wir die Fahrt entlang des Saarkanals fortsetzen. Wir kommen an der Staustufe Schoden vorbei und können beim entspannten Ausrollen nach Saarburg die herrliche Weinberglandschaft genießen.

P1/Ziel
72.0 km
6h

In Saarburg haben wir uns zum Abschluss die Einkehr redlich verdient. Neben dem Café Urban in der KulturGießerei und dem Restaurant Fährhaus lockt auf der rechten Uferseite der Biergarten des Hotel Villa Keller, ehe die Tour am **Bahnhof Saarburg (P 1)** endet.

Fazit

Die Vielfalt sorgt für den besonderen Pfiff. Die Route verbindet städtischen Trubel und Abgeschiedenheit, Geschichte und Gegenwart, Natur- und Kulturerlebnis. Für den Hunsrückanstieg empfiehlt sich ein Pedelec. Aufgrund der Höhenlage einen Schönwettertag wählen.

TourTipps

- Tourist-Info Ruwer, Bahnhofstraße 37a, 54317 Kasel, 0651/1701818, www.ruwer.eu
- Tourist-Info Trier, Simeonstraße 55, An der Porta Nigra, 54290 Trier, 0651/978080, www.trier-info.de
- Tourist-Info Saarburg, Graf-Siegfried-Straße 32, 54439 Saarburg, 06581/995980, www.saar-obermosel.de

- Hotel Villa Keller, Brückenstraße 1, 54439 Saarburg, 06581/92910, www.villa-keller.de
- P4 Die Winzerpost, Am Marktplatz 1, 54314 Zerf, 06587/243
- Gasthaus Reh, Am Bahnhof 1, 54317 Gutweiler, 06588/435, www.gasthaus-reh.de
- P5 Gut Sommerau, Bachweg 3, 54317 Sommerau, 06588/9878858, www.gut-sommerau.de
- P6 Schnitzelhaus, Bahnhofstraße 3, 54317 Kasel, 0651/9950435, www.haus-der-ruwer.de
- Pauliner Hof, Bahnhofstraße 41, 54317 Kasel, 0651/9679090, www.paulinerhof.de
- P7 Gasthaus Mosellied, Zurlaubener Ufer 86, 54292 Trier, 0651/26588, www.gasthaus-mosellied.eu
- Gasthaus an der Saarmündung, Campingplatz Konz, Am Moselufer 1, 54329 Konz, 06501/9699010, www.campingplatz-konz.de
- Restaurant Fährhaus, Staden 41, 54439 Saarburg, 06581/9999520, www.restaurant-fewo-fährhaus.de
- Café Urban in der KulturGießerei, Staden 130, 54439 Saarburg, 06581/2336, www.kulturgiesserei-saarburg.de

- Monz Fahrradwelten, Loebstraße 9, 54292 Trier, 0651/99989110, www.monz-fahrradwelten.de
- Bike Passion Saarburg, Boemundhof 12, 54439 Saarburg, 06581/9967700, www.bike-passion.de

- Freibad Ruwertal, Hauptstraße 4a, 54318 Mertesdorf, 0651/52336, www.freibad-ruwertal.de
- Freizeitbad Saarburg, Am Cityparkplatz 1, 54439 Saarburg, 06581/988700, www.freizeitbaeder-saarburg.de

Tour Download: **BT715X2** (für GPS-Geräte)

Direkt in die App mit scan to go®

16 Saarschleifen-Runde

Der Radweg Saarschleifen-Runde Klassik führt entlang des rechten Saarufers von Merzig nach Mettlach und auf der linken Seite zurück. Das Highlight der Tour ist das Ausfahren der großen Saarschleife auf beiden Uferseiten der Saar.

Start/Ziel: Bahnhof Merzig (Saar), Bahnhofstraße 58, 66663 Merzig (Saar)

N 49° 26‘ 11.8“ E 6° 38‘ 03.7“

Anfahrt: A 8 bis Ausfahrt 6 Merzig, Merziger Straße und Lothringer Straße stadteinwärts folgen, rechts auf die Schankstraße zum Bahnhof Merzig abbiegen

Parkplatz: am Bahnhof Merzig und Parkplatz Bahnhofstraße, gebührenpflichtig

Zug: Saarstrecke Trier–Saarbrücken bis Bahnhof Merzig

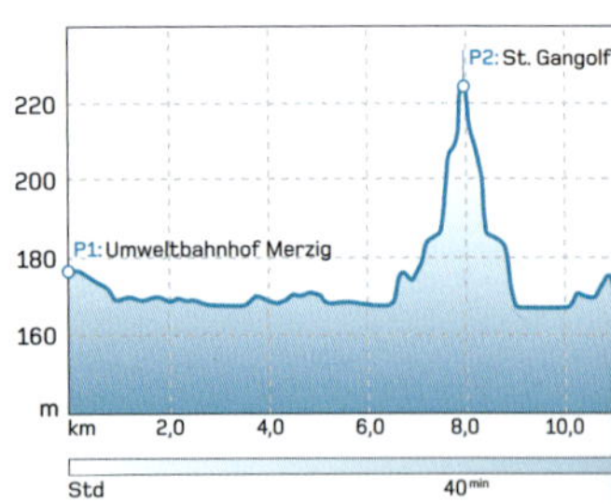

365

Orscholz
Saar
Saarhölzbach
L 176
L 375
Aussichtsturm Große Saarschleife
Keuchingen
Mettlach
Staustufe Mettlach
P3 Saar fähre
Fährhaus P6 Saarschleife
P5
P4 Villeroy & Boch-Erlebniszentrum
L 158
P2 St. Gangolf
Radweg Saarschleifen-Runde Klassik
Nohn
L 175
B 51
Saarbrücke P7 Besseringen
DEUTSCHLAND
Besseringen
Wolfspark Werner Freund
Schwemlingen
P8
Saaraue bei Schwemlingen
L 170
Radweg Saarschleifen-Runde Klassik
Saar
A 8
Ballern
Merzig
L 157
L 170
L 170
Büdingen
Fitten
Saarfürst P9 Merziger Brauhaus
L 346
Wellingen
L 173
Hilbringen
L 170
P1 Umwelt-bahnhof Merzig
Seitert

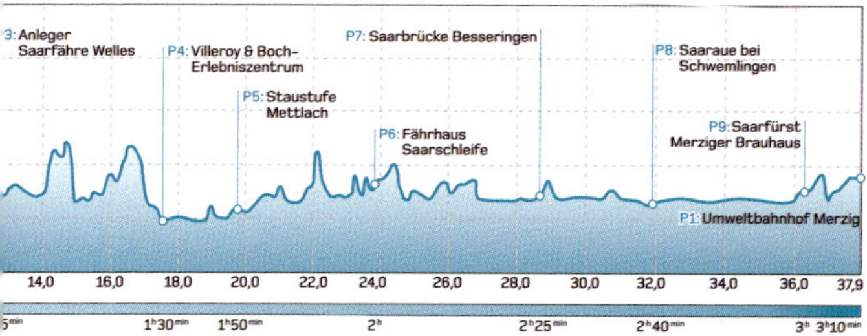

3: Anleger Saarfähre Welles
P4: Villeroy & Boch-Erlebniszentrum
P5: Staustufe Mettlach
P7: Saarbrücke Besseringen
P6: Fährhaus Saarschleife
P8: Saaraue bei Schwemlingen
P9: Saarfürst Merziger Brauhaus
P1: Umweltbahnhof Merzig

14,0 16,0 18,0 20,0 22,0 24,0 26,0 28,0 30,0 32,0 34,0 36,0 37,9

5min 1h30min 1h50min 2h 2h25min 2h40min 3h 3h10min

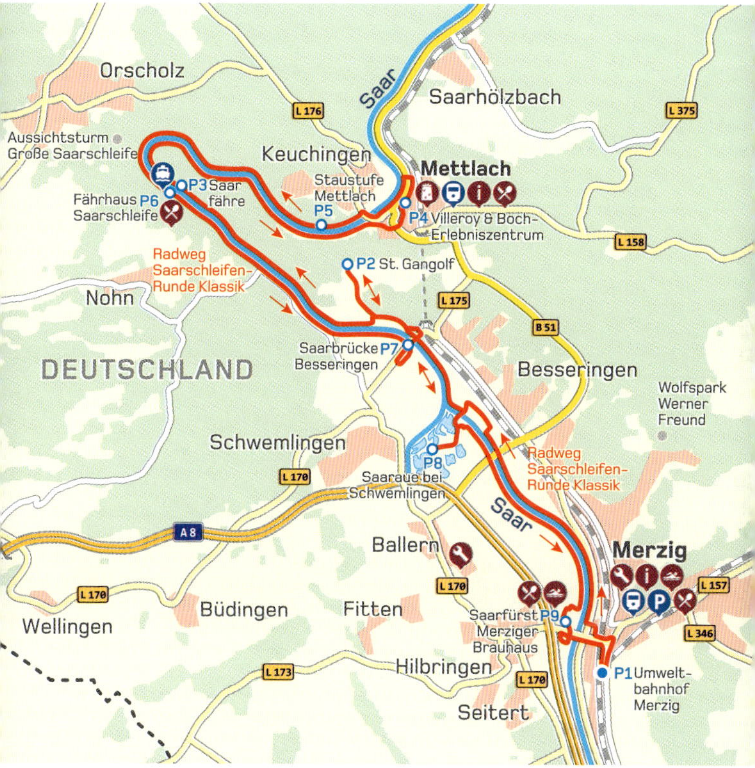

Saar
16
Traum-
schleife

P1
Start

Der Radweg Saarschleifen-Runde Klassik beginnt am **Umweltbahnhof Merzig (P 1)** und führt vorbei an Stadthalle und Stadtpark zum Schiffsanleger an der Saar. Weiter geht es auf dem Leinpfad in Richtung Besseringen. Der Radweg verläuft, mit Ausnahme eines Schlenkers um den Industriehafen Merzig herum, direkt an der Saar.

P2
7.9 km
40min

Nach Besseringen durchqueren wir ein Waldgebiet und können einen Abstecher zur idyllisch am Hang gelegenen alten **Pfarrkirche St. Gangolf (P 2)** unternehmen, von der sich uns ein herrlicher Blick auf das Saartal bietet. Die Spritztour zur Kirche ist insbesondere mit Pedelec zu empfehlen. Ohne Motorunterstützung erfordert der Anstieg einige Kraft. Wer eine gemütliche Familientour plant, sollte auf den Abstecher verzichten.

Zurück am Abzweig zur Kirche, folgt eine kurze Gefällstrecke auf losem Untergrund, die insbesondere bei Nässe unsere volle Aufmerksamkeit erfordert. An der Saar beginnt die abenteuerliche Fahrt entlang der Großen Saarschleife.

Nach einer Uferwiese führt der nicht asphaltierte Radweg am schmalen Saarufer entlang, rechter Hand der steile Uferhang und links der Fluss. Auf dem losen Untergrund, teils Schotter, teils Waldboden, werden wir ziemlich durchgerüttelt und bei Nässe schnell schmutzig. Dennoch ist die Strecke ein Traum!

St. Gangolf

Baumdenkmal

Saarfähre

P3
12.5 km
1h 05min

Auf Höhe des Fährhauses Saarschleife passieren wir den Anleger der **Saarfähre Welles (P 3)**. Wer übersetzen will, klingelt mit der Glocke. Wir bleiben auf der rechten Uferseite und rollen auf die berühmte Flussschleife zu, deren steil abfallende Hangkante mit dem markanten Aussichtsturm wie eine grüne Wand vor uns auftaucht.

Die Fahrt entlang der Großen Saarschleife – der Fluss beschreibt eine 180-Grad-Schleife, um dann fast parallel zurückzufließen – ist ein tolles Erlebnis, ehe wir am Fuß des Uferhangs zur Staustufe Mettlach weiterfahren.

Besseringen und Mettlach trennen nur 2 km Luftlinie, mit dem Fahrrad haben wir einen lohnenden „Umweg" von knapp 10 km zurückgelegt. In Mettlach befindet sich der Stammsitz des weltbekannten Keramikherstellers Villeroy & Boch. Dank des Mettlach Outlet Centers hat sich die Gemeinde zu einer „Shopping-Metropole" gemausert. Nach der Schnäppchenjagd

Fahrt entlang der Saarschleife

Blick auf Mettlach

bietet der Park der ehemaligen Benediktinerabtei St. Peter einen angenehm ruhigen Gegenpol zu dem Trubel der Einkaufsstraße.

Ein Highlight des Parks ist der Alte Turm, Überrest der im Jahr 1819 abgebrochenen Abteikirche. Den zweiten Anziehungspunkt bildet der Living Planet Square, ein Ensemble zweier Kunstwerke. Es besteht aus der Weltkarte des Lebens von Stefan Szczesny, einem im Mosaikatelier von Villeroy & Boch produzierten keramischen Puzzle, und aus dem 14 Meter hohen Erdgeist von André Heller.

P4
17.7 km
1h 30min

Anschließend sollte man sich den Besuch des Villeroy & Boch-Erlebniszentrums (P 4) im imposanten Firmengebäude der ehemaligen Benediktinerabtei nicht entgehen lassen. Ein Meisterwerk des Erlebniszentrums ist der Historische Milchladen, der vom Boden bis zur Decke mit 15.000 handgearbeiteten Fliesen dekoriert ist und eine unvergleichliche Atmosphäre

Der Alte Turm

ausstrahlt. Das Abteigarten Restaurant sorgt anschließend bestens für das leibliche Wohl der Besucher.

P5 19.7 km 1h 50min

Nördlicher Wendepunkt unserer Tour ist die Mettlacher Abtei-Bräu. Laut Eigenwerbung „Die Brauerei, die auch gut kochen kann!“. Zurück am Saarufer fahren wir an der Schiffsanlegestelle Mettlach vorbei, wechseln die Uferseite und folgen dem Radweg in Richtung Saarschleife. Nach der **Staustufe Mettlach (P 5)** rollen wir nun in entgegengesetzter Richtung auf die Große Saarschleife zu.

P6 23.8 km 2h

Im Scheitelpunkt der Flusskrümmung besteht die Möglichkeit, auf einem Fußweg zum 180 Meter über der Saar gelegenen Aussichtspunkt „Cloef“ hinaufzusteigen. Vom Cloef oder dem Aussichtsturm des Baumwipfelpfads hat man den Saarschleifenblick schlechthin. Der Auf- und Abstieg ist jedoch sehr anstrengend und nichts für eine Familientour. Die Saarschleife im Rücken, passieren wir in Steinbach den Fähranleger und erreichen ein paar Meter weiter das **Fährhaus Saarschleife (P 6)**, das zum Einkehren wie gerufen kommt.

P7 28.7 km 2h 25min

Nach Dreisbach verlassen wir das enge, schluchtartige Tal und überqueren die **Saarbrücke Besseringen (P 7)**. Die folgende Strecke entlang des rechten Saarufers bei Besseringen kennen wir von der Hinfahrt. Der Uferabschnitt ist besonders eindrucksvoll, da sich die Saar gabelt und ein 1 km langer Altarm abzweigt.

P8 31.8 km 2h 40min

Vor dem Industriehafen Merzig wechseln wir erneut die Uferseite und erreichen die **Saaraue bei Schwemlingen (P 8)**. Ein Abstecher führt uns in das Landschaftsschutzgebiet mit seinen 22 Weihern und dem 1 km langen Saaraltarm. Die einstigen Kiesweiher und deren Uferbereiche sind ein Paradies für Wasservögel. Besucher finden schöne Rastplätze vor und haben die Möglichkeit zum Entspannen und zur Vogelbeobachtung.

P9 36.3 km 3h

Weiter geht es entlang des Saarufers durch das offene Merziger Becken mit seinen weiten Wiesen- und Feldflächen. Nach dem Merziger Yachthafen bietet sich das **Saarfürst Merziger Brauhaus (P 9)** zur Einkehr und zum Verweilen an.

Living Planet Square Mettlach

An der Großen Saarschleife

Aussichtspunkt Cloef

Traumhaft schön

Panoramablick Große Saarschleife

Saaraue bei Schwemlingen

P1/Ziel
37.9 km
3h 10min

Anschließend führt die Saarschleifen-Runde über die Saarbrücke nach Merzig und endet am **Umweltbahnhof (P 1)**. Als Ausklang der Tour sei ein Bummel durch die Merziger Innenstadt mit ihren Eisdielen, Cafés und Gaststätten empfohlen.

Ein Naturparadies

Wer mit dem Auto gekommen ist, kann den Tag auch mit dem Besuch des Wolfsparks Werner Freund im Merziger Kammerforst (www.wolfspark-wernerfreund.de) oder der Fahrt nach Orscholz zum Baumwipfelpfad Saarschleife (www.baumwipfelpfade.de) ausklingen lassen und das Naturwunder Große Saarschleife von oben bewundern.

Merziger Yachthafen

Fazit

Eine wunderbare Familien- und Genussstrecke! Das Highlight der Route ist die Fahrt entlang der großen Saarschleife, die auch von unten betrachtet äußerst eindrucksvoll ist. Die Tour verdient gute Sicht und schönes Wetter.

Tour Tipps

- Tourist-Info Merzig, Poststraße 12, 66663 Merzig, 06861/85330, www.merzig.de
- Tourist-Info Mettlach, Freiherr-vom-Stein-Straße 22, 66693 Mettlach, 06865/91150, www.tourist-info.mettlach.de

- Hotel-Restaurant Römer, Schankstraße 2, 66663 Merzig, 06861/93390, www.roemer-merzig.de
- Blasius Restaurant & Gästehaus, Trierer Straße 12-14, 66663 Merzig, 06861/2927, www.ratsstube-blasius.de
- Hotel Restaurant Saarblick, Freiherr-vom-Stein-Straße 14, 66693 Mettlach, 06864/2030, www.hotelsaarblick.de
- Restaurant Abteigarten, Saaruferstraße 1-3, 66693 Mettlach,
  P4 06864/810, www.villeroyboch-group.com
- Mettlacher Abtei-Bräu, Bahnhofstraße 32, 66693 Mettlach, 06864/93232, www.abtei-brauerei.de
- P6 Fährhaus Saarschleife, Steinbach 3, 66693 Mettlach, 06868/180218, www.faehrhaus-saarschleife.de
- P9 Saarfürst Merziger Brauhaus am Yachthafen, Saarwiesenring 6, 66663 Merzig, 06861/791635, www.merzigerbrauhaus.de

- Radwerk Saar, Hilbringerstraße 39, 66663 Merzig-Ballern, 06861/9395246, www.radwerk-saar.de
- Werner's Fahrrad-Center, Hochwaldstraße 11, 66663 Merzig, 06861/5166, www.werners-fahrradcenter.de
- Radsporthaus Boos, Wagnerstraße 4, 66663 Merzig, 06861/73223, www.boos-merzig.de

- Freibad Mettlach, Britter Straße 20, 66693 Mettlach, 06864/7855, www.mettlach.de
- DAS BAD, Saarwiesenring 3, 66663 Merzig, 06861/770730, www.dasbadmerzig.de
- Naturbad Heilborn, Am Heilborn 3, 66663 Merzig, 06861/770730, www.dasbadmerzig.de

Tour Download: **BT716X1** (für GPS-Geräte)

Direkt in die App mit scan to go®

EINFACH HIMMLISCH GEFÜHRT

Besitzer von GPS-Navigationsgeräten (Outdoor-Geräte oder Smartphones) kommen nie vom Weg ab und wissen immer, wo sie gerade sind: In allen Rad- und Wanderführern des ideemedia-Verlags finden Sie die Rad-, Wander- und Erlebnisrouten für Outdoor-Navigationsgeräte. Die Touren liegen im weit verbreiteten *gpx-Format vor.

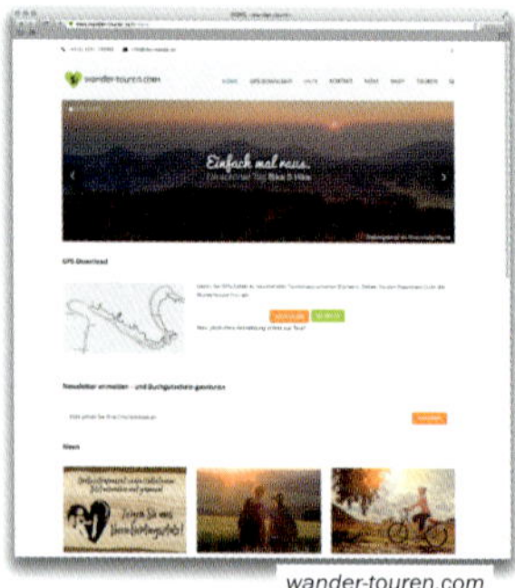

wander-touren.com

Mit dem kostenlosen Programm BaseCamp von Garmin ist es möglich, die Tracks anzusehen, zu bearbeiten und direkt auf Garmin-Geräte zu laden. Dieses Programm kann auch ohne die zusätzlich zu kaufende Karte eingesetzt werden, bietet dann aber nur eine globale Karte ohne Details. BaseCamp läuft zudem auch auf Apple Computern. Alle anderen Hersteller von Outdoor-GPS-Geräten bieten ebenfalls kostenlose Programme an. Allerdings müssen Sie meistens auch eine digitale Karte erwerben, um den Track am PC und auf Outdoor-Geräten auf der Karte zu sehen. Für PC-Nutzer ist zudem die Software MagicMaps Tour Explorer empfehlenswert. In OpenStreetMaps oder Google Maps können die Daten mit Hilfe eines GPX Viewer angezeigt werden. Diese Kartenansicht können Sie für unterwegs zum persönlichen Gebrauch ausdrucken.

DIREKT ZUM PREMIUM-TRACK: SO FUNKTIONIERT ES

Zum Download der Routen benötigen Sie entsprechende Tour-Codes. Diese finden Sie unter anderem jeweils am Ende der einzelnen Kapitel. Auf der Internetseite www.wander-touren.com geben Sie den Code ein. Eine gesonderte Anmeldung ist nicht mehr erforderlich. Sie bestätigen mit der Downloadanfrage, dass Sie im Besitz des entsprechenden Buches (Print oder elektronische Ausgabe) sind. Wenn Sie per Mail über

Updates informiert werden möchten, melden Sie sich bitte unter www.wander-touren.com zum Newsletter an.

GPX-DATEN AUF OUTDOOR-NAVIS LADEN

Als Buchbesitzer können Sie die Daten als Datei im weit verbreiteten *gpx-Format als Einzeltour laden und danach auf Ihrem PC ablegen. In einzelnen Fällen können die Daten hinter den Codes auch gebündelt als *.zip-Datei verpackt vorliegen, die Sie vor der weiteren Verwendung entpacken müssen.

Als Nächstes müssen Sie die gewünschte Tour auf Ihr Navigationsgerät übertragen. Für die meisten GPS-Outdoor-Geräte ziehen Sie einfach den Track von Ihrem Desktop nach Verbinden des GPS-Geräts mit dem Computer in das GPS-Verzeichnis Ihres Outdoor-Geräts, das Sie als Laufwerk auf dem Desktop sehen. Sollte Ihr GPS-Gerät ein besonderes Format verlangen, so können Sie den Track mit der Software RouteConverter in fast jedes Format konvertieren. RouteConverter ist ein kostenloses GPS-Werkzeug, um Routen, Tracks und Wegpunkte anzuzeigen, zu bearbeiten und zu konvertieren. Es läuft sowohl auf PC als auch auf Apple Computern. Zur Übertragung der Tour-Daten können Sie auch die Ihrem Kartenprogramm oder Ihrem Navigationsgerät beigelegte Software nutzen. Bei Problemen mit der Übertragung der Daten auf Ihr Navigationssystem wenden Sie sich bitte an Ihren Hersteller oder Lieferanten. Sollte der von Ihnen verwendete Internet-Browser den Daten-Download blockieren, kontrollieren Sie bitte Ihre Sicherheitseinstellungen und beachten die Angaben des Anbieters.

GPS FÜR SMARTPHONES/IPHONES

*.gpx-Daten auf ein Smartphone zu laden, ist inzwischen recht einfach und funktioniert mit mehreren Apps sowohl für iPhones als auch für Android-Geräte. Unser Tipp: Laden Sie sich verschiedene Apps auf Ihr Gerät, und testen Sie, mit welcher Software Ihr Gerät fehlerfrei arbeitet. Laden Sie nun von www.wander-touren.com den *.gpx-Track herunter und öffnen ihn mit einem geeigneten Programm. Meist schlägt das Be-

triebssystem eine Auswahl geeigneter Programme vor. Probleme kann es evtl. mit den Karten geben, wenn diese unterwegs über das Netz geladen werden müssen. Von Netzproblemen abgesehen, kann das zu hohen Downloadkosten führen.

GRATIS-APP traumtouren: SCANNEN. LADEN. LOSLEGEN.

Wesentlich einfacher geht es mit der praktischen App „traumtouren“, die Sie für Smartphones und Tablet-PCs als kostenlose Basis-Version über GooglePlay (Android) und iTunes App-Store (iOS) laden können. Via Tour-Code oder über das Scannen des QR-Codes aus der App heraus können Sie dann schnell, einfach und bequem die komplette Tour auf Ihr Smartphone oder Tablet übertragen. Neben der Wegstrecke erhalten Sie zusätzliche Kurzinfos, sehen (bei bestehender Mobilfunk- bzw. Satellitenverbindung) Ihren aktuellen Standort und können der vorgeschlagenen Route folgen. Die App ist auf einfache Bedienbarkeit ausgelegt und auf die wesentlichen Funktionen für unterwegs reduziert. Bedenken Sie bitte: Je nach Mobilfunkvertrag können für die Nutzung der Verbindung Kosten anfallen. Die App ist nicht Bestandteil des Buchkaufs, die Verfügbarkeit ist nicht garantiert. Bitte beachten Sie die gesonderten Nutzungsbedingungen. Eine ausführliche Anleitung zur Bedienung der App finden Sie auf www.wander-touren.com/www/app-hilfe.

Bitte beachten: Wenn Sie den QR-Code nicht aus der App herausscannen, öffnet sich Google Maps und es wird Ihnen der Startpunkt der Tour angezeigt.

ALLGEMEINE HINWEISE

Alle Daten wurden auf Fehlerfreiheit geprüft und werden bei Änderungen der Wegführung nach Verfügbarkeit aktualisiert. ideemedia übernimmt keine Haftung für mögliche Abweichungen, Vollständigkeit, Verfügbarkeit und Einsatz auf allen Navigations-Modellen. Sollte ein Gerät das Laden von *.gpx-Daten nicht ermöglichen, so wenden Sie sich in diesem Fall bitte an den Hersteller. Die Nutzung der Tour-Downloads ist nur Buchbesitzern zur privaten Verwendung gestattet, eine Weitergabe an Dritte sowie das Vervielfältigen auf Datenträgern jeder Art ist untersagt. Kommerzielle Nutzung ist nur nach schriftlicher Vereinbarung mit ideemedia gestattet. Idee, Konzeption und Daten sind urheberrechtlich geschützt. Die Daten enthalten einen Sicherheitscode und werden bis zu 36 Monate nach Ausgabetermin des Buches zur Verfügung gestellt.. Eine Vervielfältigung zur Verteilung oder Verlinkung ist strikt untersagt und kann bei Missbrauch zu Schadenersatzforderungen führen.

PREMIUM-GPS: WAS IST DAS?

Im Gegensatz zu vielen anderen Anbietern im Print- und Online-Bereich greifen wir nicht auf die Standard-Daten von kostenlosen Internetportalen, privaten oder öffentlichen Anbietern zurück, sondern ermitteln die Daten vor Ort und aktualisieren diese im Regelfall, wenn uns gravierende Änderungen bekannt werden. Um es Kunden so komfortabel wie möglich zu machen, bieten wir ihnen, neben den *.gpx-Daten, die Nutzung der App traumtouren. Die Arbeit ist aufwendig und kostenintensiv – und daher bitten wir um Verständnis, dass wir diese aufbereiteten Daten in vollem Umfang nur unseren Kunden zur Verfügung stellen.

GPS-DATEN VERARBEITEN: NICHT OHNE ÜBUNG

Trotz enormer Fortschritte in der Gerätebedienung ist es für Laien immer noch nicht völlig unkompliziert, die Daten auch richtig nutzen zu können. Da es sich bei den *.gpx-Daten um ein kostenfreies Zusatzangebot zu unseren Printprodukten handelt, können wir keine Unterstützung für GPS-Geräte, GPS-Software oder Kartengrundlagen leisten. Bitte wenden Sie sich dazu an Ihren Hersteller oder Lieferanten und arbeiten Sie sich gründlich in die Möglichkeiten der GPS-Nutzung ein. Verlassen Sie sich auch bei Ihren Touren nicht ausschließlich auf Ihr GPS-Gerät, Empfangsprobleme in engen Schluchten oder hohen Wäldern, Batterie- oder Softwareprobleme sind nicht unbekannt. Wir empfehlen aus Erfahrung die zusätzliche Mitnahme von Buch und Karten.

A

B

C

D

E

F

S

T

U

V

W

Z

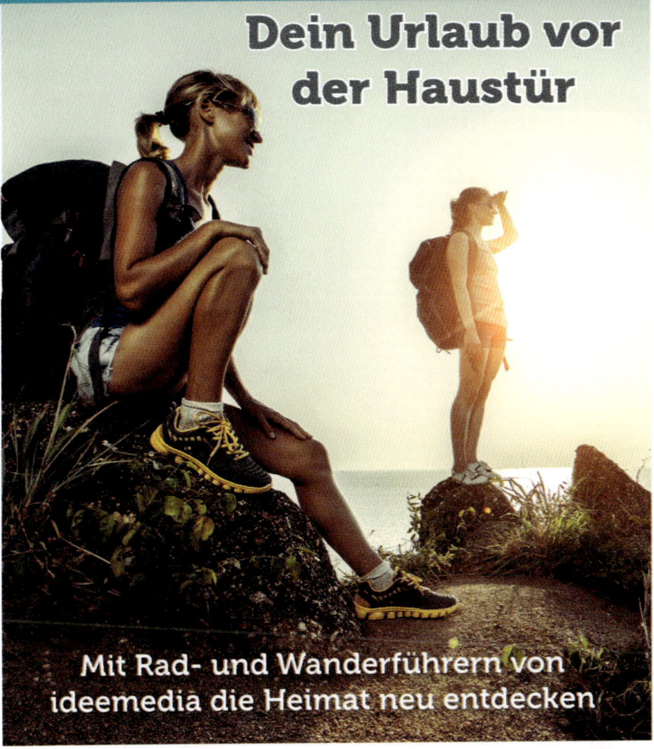
Dein Urlaub vor der Haustür
Mit Rad- und Wanderführern von ideemedia die Heimat neu entdecken

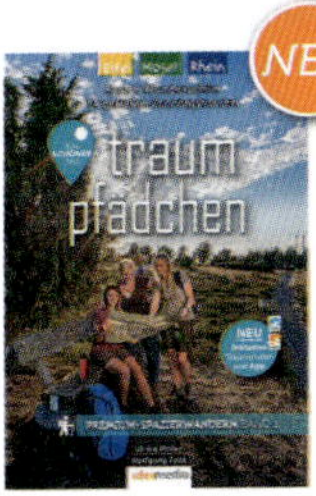
NEU
traum pfädchen
PREMIUM-SPAZIERWANDERN

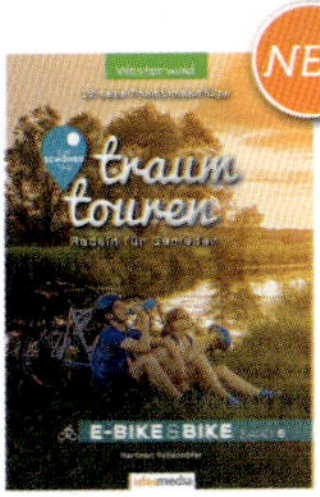
NEU
traum touren
E-BIKE & BIKE

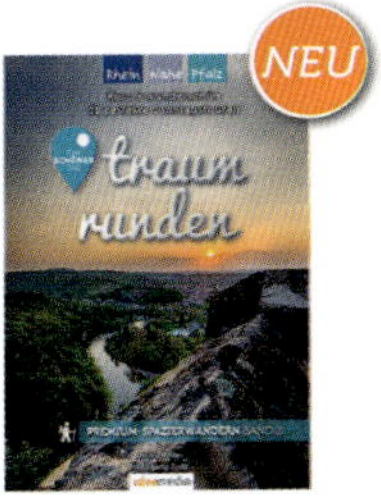
NEU
traum runden
PREMIUM-SPAZIERWANDERN

Kostenlos die App traumtouren testen

Lesen, laden, losfahren: So einfach war es noch nie, die beschriebenen Routen auf dem Smartphone anzuzeigen. Laden Sie dazu bei Apple iTunes (für iPhones und iPads) oder im Google Play Store (für Android-Geräte) die kostenlose Testversion der App „traumtouren".*

1. Öffnen Sie die App. Im Buch finden Sie bei den Tour Tipps einen QR-Code. Scannen Sie den Code aus der geöffneten App heraus.
2. Automatisch wird die entsprechende Tour auf der Kartengrundlage von Google Maps angezeigt. Beim Laden ist dazu eine Mobilfunk- (hier fallen evtl. Kosten an) oder WLAN-Verbindung notwendig.
3. Unterwegs können Sie jederzeit Ihre aktuelle Position verfolgen und (bei bestehender Mobilfunkverbindung) zusätzliche Informationen, Tipps und Fotos abrufen.

Bitte beachten Sie: Das Scannen der QR-Codes klappt am besten mit Smartphones, die über eine Autofocus-Funktion verfügen. Alternativ zum Scannen können Sie in der App den TourCode (diesen finden Sie bei den Tour Tipps am Ende jedes Kapitels) eingeben.

Wichtig: Scannen Sie den TourCode versehentlich nicht direkt aus der App „traumtouren" (sondern über einen normalen QR-Scanner), öffnet sich nur die Karte mit dem Startpunkt der Tour. Via Google Maps können Sie sich dann dorthin navigieren lassen. Je nach Mobilfunk-Vertrag können für die Datenübertragung (besonders im Ausland) Kosten anfallen.

*Die Testversion von „traumtouren" ist gratis und enthält als Bonus weitere fünf Wander- und Radtouren. Bitte beachten Sie die gesonderten Nutzungsbedingungen. Es besteht kein Anspruch auf Verfügbarkeit. Die App ist nicht Bestandteil des Buchkaufs.

Lesen. Laden. Losfahren.

traum touren

traumtouren 1
Rhein. Mosel. Eifel

traumtouren 2
Rheinland SÜD

traumtouren 3
Sieg. Westerwald. Lahn

traumtouren 4
Bergisches Land. Ruhr. Sauerland

traumtouren 5
Hunsrück. Nahe. Rheinhessen

traumtouren 6
Westerwald

Touren und Varianten

			km
1	Eifel-Ardennen-Radweg	Zwei Länder, eine Tour	56.3
2	Enz-Radweg	Romantisches Ziel	55.3
3	Prüm-Radweg	Bahn frei	38.4
4	Kosmosradweg Kleine Kyll	Zurück zum Urknall	51.9
	Variante kurz		45.5
5	Entlang der Our	Perle der Ardennen	33.8
6	Nims-Prüm-Runde	Von Fluss zu Fluss	64.8
	Variante kurz		58.0
7	Sauer-Radweg	Sauer macht Freude	54.8
8	Kyll-Radweg	Burg und Tal	54.2
	Variante kurz		38.9
9	Salm-Mosel-Radweg	Himmlische Ansichten	42.9
10	Obermosel 1	Römer und Reben	47.2
	Variante kurz		33.5
11	Obermosel-Saargau-Runde	Reizvolle Stopps	45.5
12	Obermosel 2	Grenzenlos radeln	69.3
	Variante kurz		46.5
13	Saar-Radweg	Am sanften Fluss	50.7
	Variante kurz		30.0
14	Tälchen-Runde	Wilde Schönheit	36.7
	Variante kurz		26.4
15	Saar-Hunsrück-Ruwer-Mosel	Auf und ab	72.0
	Variante kurz		52.7
16	Saarschleifen-Runde	Traumschleife	37.9

⌀12km/h	Hm	Anspruch	Tipp
$4^{h}\ 40^{min}$	800		Besser mit E-Bike
$4^{h}\ 35^{min}$	1035		Besser mit E-Bike
$3^{h}\ 10^{min}$	340		–
$4^{h}\ 20^{min}$	1310		Badesachen, E-Bike, Navi/App
$3^{h}\ 50^{min}$	1205		Badesachen, E-Bike
$2^{h}\ 50^{min}$	850		Besser mit E-Bike, Navi/App
$5^{h}\ 25^{min}$	1325		Besser mit E-Bike, Navi/App
$4^{h}\ 50^{min}$	1130		Besser mit E-Bike, Navi/App
$4^{h}\ 35^{min}$	695		Badesachen, Navi/App
$4^{h}\ 30^{min}$	845 / 950		–
$3^{h}\ 15^{min}$	790 / 890		–
$3^{h}\ 35^{min}$	475		An Badesachen denken
$3^{h}\ 55^{min}$	355		Besser mit Navi/App
$2^{h}\ 55^{min}$	280		Besser mit Navi/App
$3^{h}\ 50^{min}$	635		Besser mit E-Bike, Navi/App
$5^{h}\ 45^{min}$	625		Badesachen, Navi/App
$3^{h}\ 55^{min}$	340		An Badesachen denken
$4^{h}\ 15^{min}$	575		Besser mit E-Bike, Navi/App
$2^{h}\ 30^{min}$	200		–
$3^{h}\ 05^{min}$	405		Besser mit E-Bike, Navi/App
$2^{h}\ 10^{min}$	235		Besser mit Navi/App
6^{h}	980		Besser mit E-Bike, Navi/App
$4^{h}\ 25^{min}$	895 / 905		Besser mit E-Bike, Navi/App
$3^{h}\ 10^{min}$	365		Besser mit E-Bike

Impressum

Herausgeber: Uwe Schöllkopf (ideemedia GmbH)
Autor: Hartmut Schönhöfer
Konzept & Redaktion: Uwe Schöllkopf
Redaktionelle Mitarbeit: Anna Ley
Grafik/DTP/Produktion: Dominik Molz
Karten & Höhenprofile: Kartengrafik | ideemedia GmbH

Verlag: ideemedia GmbH, Im Aubisch 1b, D-56567 Neuwied
Telefon: 02631/9996-0 • Telefax: 02631/9996-55 • E-Mail: info@idee-media.de
Internet: www.ideemediashop.de • www.wander-touren.com

Alle Angaben wurden nach bestem Wissen recherchiert und sorgfältig überprüft. Sollten sich dennoch Fehler eingeschlichen haben, bitten wir um Entschuldigung und Benachrichtigung. Für Fehler übernimmt der Verlag keine Haftung. Aktuelle Änderungen, Downloads und Updates zum Buch finden Sie unter www.wander-touren.com. Mit der App traumtouren lassen sich die Touren über die QR-Codes aus dem Buch direkt auf Smartphones laden. Die kostenlose Testversion der App ist nicht Bestandteil des Buches, eine Verfügbarkeit für alle Betriebssysteme ist nicht garantiert.

Die Deutsche Bibliothek – CIP – Einheitsaufnahme: ISBN 978-3-942779-61-6

Titelbild: Hartmut Schönhöfer
Fotos: Hartmut Schönhöfer

Autor

Hartmut Schönhöfer, Hartmut Schönhöfer, Jahrgang 1964, ist in Coburg geboren und aufgewachsen. Berufliche Stationen als Marketing- und Handelsmanager führten den Diplom-Kaufmann quer durch Deutschland. Seit mehreren Jahren arbeitet der begeisterte Radfahrer mit Wohnsitz Bad Neuenahr-Ahrweiler als Autor und verbindet mit dem Schreiben von Radführern seine Leidenschaften für das Fotografieren, Reisen und Fahrradfahren.